市场监管领域主要国际关注

Major International Concerns in the Field of Market Supervision

国家工商行政管理总局国际合作司　编著

中国工商出版社

责任编辑 张欣然
封面设计 慧 子

图书在版编目（CIP）数据

市场监管领域主要国际关注 / 国家工商行政管理总局国际合作司
编著 . — 北京：中国工商出版社，2018.3
ISBN 978-7-5209-0007-2

Ⅰ . ①市… Ⅱ . ①国… Ⅲ . ①市场监管 – 研究 Ⅳ . ① F203.9

中国版本图书馆 CIP 数据核字（2018）第 050994 号

书名 / 市场监管领域主要国际关注
编著者 / 国家工商行政管理总局国际合作司

出版 · 发行 / 中国工商出版社
经销 / 新华书店
印刷 / 北京翌新工商印制公司
开本 / 787 毫米 × 1092 毫米 1/16 印张 /13.25 字数 / 180 千字
版本 / 2018 年 3 月第 1 版 2018 年 3 月第 1 次印刷

社址 / 北京市丰台区丰台东路 58 号人才大厦 7 层（100071）
电话 /（010）63730074 传真 /（010）83619386
电子邮箱 / fx63730074@163.com 微信号 / zggscbs
出版声明 / 版权所有，侵权必究

书号：ISBN 978-7-5209-0007-2
定价：48.00 元

（如有缺页或倒装，本社负责退换）

前　言

　　2018 年是改革开放 40 周年。习近平总书记在今年博鳌亚洲论坛开幕式上指出，综合研判世界发展大势，经济全球化是不可逆转的时代潮流。中国开放的大门只会越开越大。虽然当今世界逆全球化思潮暗流涌动，但是中国的"一带一路"倡议成为驱散全球化阴霾的东风，正发展为顺应经济全球化潮流的最广泛国际合作平台，推动经济全球化朝着更加开放、包容、普惠、平衡、共赢的方向发展。

　　在经济全球化进程中，市场监管理念、监管模式是影响国家竞争力和国际影响力的重要因素。我国经济要进一步开放发展，市场监管就要更加具有全球视野。要顺应全球化趋势，牢固树立国际化市场监管理念，用国际视野审视市场监管规则和市场监管效应，提升市场监管国际化水平。因为全球经济的相互联系越紧密，国际间市场规则、市场监管的相互影响就越深入，这是世界经济交流协作的重要保障，也是共同繁荣发展的必然选择。而即使是国内市场规则，同样具有广泛的国际影响。

　　放眼全球，新时代市场监管的国际规则更加趋同。世界银行发布的《营商环境报告》成为各国政府对标国际先进水平、促进营商

环境改革的重要参考；联合国制定的《消费者保护准则》，成为国际消费者保护的纲领性文件；G20、亚太经合组织等国际组织也纷纷发布市场监管规则最佳实践。社会各界高度关注的多边和区域自贸区谈判，都把市场准入、监管的一致性，规范电子商务，提高透明度等市场监管问题作为重要内容。

在此背景下，有必要主动跟踪市场监管领域国际规则的发展和动向，积极研判对我国的影响，并找准我国在国际规则制定中的地位，促进国际规则的融合发展。本书基于市场监管国际合作实践，对这个领域的主要国际关注进行了汇总分析，以期为改革更好地对标国际水平，建设法治化、便利化和国际化营商环境提供有益的参考借鉴，为提高我国在国际规则中的话语权打下坚实的基础。

编者
2017 年 3 月

目　录

第一章　营商环境主要国际关注

第二章　品牌经济与商标品牌主要国际关注

第三章　竞争领域主要国际关注

附件 市场监管领域国际规则一览

第一章 营商环境主要国际关注

近年来，面对经济下行压力，中国坚持市场化方向的改革，坚持发挥市场对资源配置的决定性作用，高度重视建设法治化、国际化、便利化营商环境的重要性。

2015 年 9 月 15 日，在中央全面深化改革领导小组第十六次会议上习近平总书记强调，提高利用国际国内两个市场、两种资源的能力，要牢牢抓住体制改革这个核心，坚持内外统筹，破立结合，坚决破除一切阻碍对外开放的体制机制障碍，加快形成有利于培育新的比较优势和竞争优势的制度安排。要从只符合规则层面进行改革，推进包括拓宽市场投资准入、加快自由贸易区建设、扩大内陆沿边开放等在内的体制机制改革，完善市场准入和监管、产权保护、信用体系等方面的法律制度，着力营造法治化、国际化的营商环境。

2016 年 3 月 5 日，习近平总书记在参加上海代表团审议时谈到上海自由贸易试验区建设。他说，自由贸易试验区建设的核心任务是制度创新。要深化完善基本体系，突破瓶颈、疏通堵点、激活全盘，聚焦商事制度、贸易监督制度、金融开放制度创新、事中事后监督制度等，率先形成法治化、国际化、便利化的营商环境，加快形成公平、统一、高效的市场环境。

2016 年 9 月 3 日，习近平总书记在二十国集团工商峰会开幕式上发表主旨演讲时指出，我们将继续深入参与经济全球化进程，支持多边贸易体制。加大放宽外商投资准入，提高便利化程度，促进公平开放竞争，全力

营造优良营商环境。

2017年1月，习近平总书记在达沃斯演讲时强调，中国将积极营造宽松有序的投资环境，放宽外商投资准入，建设高标准自由贸易试验区，加强产权保护，促进公平竞争，让中国市场更加透明、更加规范。

2015年9月，李克强总理对全面推进"三证合一、一照一码"登记制度改革工作全国电视电话会议做出重要批示强调，进一步打造法治化、便利化营商环境，推动大众创业、万众创新在全社会蓬勃开展。

2016年5月，李克强总理在国务院常务会议上指出，要营造公平竞争营商环境。强化监管，全面推开"双随机一公开"监管方式，建立企业黑名单、惩罚性巨额赔偿制度，完善知识产权保护措施，严打假冒伪劣，防止劣币驱逐良币。

2016年9月，李克强总理在与美国各界人士座谈时强调，中国将继续下大力气推动政府简政放权等改革，注意保护知识产权，为外国企业赴华投资创造更加宽松便利的营商环境。

2016年10月，李克强总理在国务院振兴东北地区老工业基地推进会议上指出，改革首先要从自身改革做起，必须痛下决心优化营商环境，真正激发社会潜能，释放发展的内生动力。

我国"十三五"规划中指出，形成对外开放新体制。完善法治化、国际化、便利化的营商环境，健全有利于合作共赢并同国际贸易投资规则相适应的体制机制。

第一节　营商环境

营商环境一直是国际关注的热点问题，以世界银行、世界知识产权组织、经合组织的研究讨论为代表。世界银行自2003年起每年发布旗舰报告《营商环境报告》；世界知识产权组织每年发布《全球创新指数》，专门提及营商环境对创新的重要性；经合组织定期发布监管指数，衡量有关国家营商环境的情况。这其中，最有代表性和影响力的是世界银行《营商环境报告》及其同期发布的全球营商环境指数。

《营商环境报告》对全球 189 个经济体的营商环境进行分析，其数据来源于每个经济体的法律法规和监管程序的便利度。世界银行自 2003 年第一次发布《营商环境报告》以来，就一直激发全球多国经济学家对此的研究兴趣，他们纷纷使用数据，研究良好的监管环境对创立新公司、提高生产力、促进公司盈利率的重要性。截至 2015 年，已经有 2024 篇文章在同类学术期刊上发表，并有 5098 篇工作文献在网上发布。在这个领域的主要国际关注有：

一、营商环境与经济发展

世界银行高级副行长兼首席经济学家考什克·巴苏指出："一个经济体的成败取决于多种变数，其中往往被忽视的是那些方便企业和营商的具体细节。我指的是那些决定开办企业的难易度、执行合同的速度与效率、贸易所需要的文件等的法规。在这些方面做出改善实际上是没有成本的，但却能对促进增长与发展起到变革性的作用。"

《营商环境报告》认为，关于经济政策的讨论，人们往往更关注财政政策、货币政策、社会福利政策以及其他社会反应较大的政府行动。所以当经济下滑时，讨论的重点总是太集中在是否需要采取财政刺激；应采取宽松或者紧缩的货币政策；社会福利政策是管得太宽，还是管得不够等。而对有些领域却关注不够，但实际上这些领域对于经济发展的成败同样重要，甚至在某些时候更为重要，那就是经济的细节（经济发展的黏合剂）和根基（经济发展的奠基石）。

比如，关于开办和注销企业的法律、与经济活动有关的各种行政法规（包括获得电力的许可、进出口的文件处理等），这些都是经济的细节，平常虽然对于市场而言不显山不露水，却发挥着至关重要的作用。如果这些

环节不能正常开展，那么对于经济发展会造成很大的负面影响，并且使那些所谓的"大政策"（即看得见摸得着的政策），如财政政策、货币政策的作用大打折扣。

该报告还专门以 1986 年 1 月 28 日美国"挑战者"号太空飞船为例，该飞船在起飞时解体不是因为飞船的主要结构发生问题，而是因为一个细节，一个"O"形环失效。所以，经济的发展也可能因为一个细节的失效而失败。

为企业营造有效且包容的市场环境，对全社会都很有好处。一个运转有效的政府机构和有效的政府治理，能促进个体的创业和创意，为每个人实现梦想创造机会，从而提高人们的生活水平，促进经济发展和共同富裕。同时，也能使宏观经济政策更加有效。

要正确处理好市场和政府的关系。政府应适当干预市场，这能克服市场的缺陷，把不公平控制到最小，提供公共福利，并纠正因市场信息不对称和系统性人类失控而导致的市场失败。但与此同时，政府也应尽可能减少监管，使普通人能最大限度地施展其技能，促进经济和市场的有效运行。也就是说，政府在营造促进个人发展、企业繁荣的环境方面发挥关键作用，这需要政府有所为、有所不为。

二、营商环境与创业、投资和就业

Klapper、Love 和 Randall（2014）研究了创业和经济发展的关系，认为一个国家的 GDP 增长与该国公司密度（即每千人拥有企业数）以及新公司数量密切相关。发达国家的公司密度一般是 40—50 个，日本、韩国就超过了 50 个，大多数新兴市场国家大约是 30 个，而我国目前的每千人拥有企业数是 16 个。而经济中创业的数量和营商环境正相关。因为良好的营商环境和有效的监管体制，能使企业进出便捷。经济下滑时破产公司有效退出，经济回暖时新公司有效进入，帮助经济快速复苏。

Jovanovic 选取了 28 个东欧和中亚国家数据，研究商事制度是否会影

响外商直接投资的流入。研究发现，监管制度越有效，越容易吸引来自
OECD 国家的外商直接投资。比如，出口需要提交 9 份文件的国家，比只
需提交 7 份文件的国家，少吸引 37% 的外商直接投资。尤其是开办企业成
本减少，会带来外商直接投资的增加。因为外商投资似乎更看重所耗费的
成本。所以，政府可通过营造有效、商业友好型监管环境，吸引更多外商
直接投资。

《2016 年营商环境报告》显示，私营企业提供了全球近 90% 的就业。政
府通过实施恰当的监管政策，创造良好的营商环境，增强私营企业对长远发
展的预知性，有利于促进私营企业发展，从而进一步解决就业问题。

三、营商环境与创新

Yang（2014）研究了监管环境对创新型企业和非创新型企业的影响。
他发现，创新型企业相对于非监管因素（比如，基础设施、当地的犯罪率等）
而言，更关注监管环境（腐败或开办企业的成本和时间）。即使非监管因素
不好，创新型企业依然比非创新型企业利润水平高。但如果监管环境不好，
创新型企业的利润率就比非创新型企业低。这主要是因为创新型企业不断
创造出新产品、研发出新技术，需要经常和政府部门打交道，申请执照或
许可证，所以非常关心监管环境。世界知识产权组织的全球创新指数（GII）
将营商环境作为创新投入的重要因素之一。

四、性别歧视与营商环境

《2017 年营商环境报告》指出，女性创业要比男性创业更难，面对着
更多的创业壁垒。在接受调查的 190 个国家中，有 155 个国家的女性不能
享有与男性平等的法律权利，更加缺乏支持创业的环境。从世界范围来看，
女性人口比例占世界人口的 40% 多。 男女不能享有平等的创业机会，不
利于整体创新创业的发展。

五、营商环境改革的目标和方向

《营商环境报告》指出，改革是营造良好营商环境的必然途径，也是各国经济发展的主旋律。自 2004 年以来，全球已经实施了 2800 余项改革。2013 年 6 月至 2014 年 6 月，123 个经济体实施了至少一项改革，总共实施了 230 项改革。超过 63% 的改革降低了监管的复杂度和成本，以及加强了法律制度的建设。全球来看，超过 80% 的经济体改善了其营商环境。2014 年 6 月至 2015 年 6 月，189 个经济体记录了 231 项改革。2015—2016 年全球推行改革的国家从 122 个上升到 137 个，共进行了 283 项改革，较上年增长了 20%。发展中国家占比超过 75%，其中撒哈拉以南非洲地区在改革总数中占比超过 1/4。

从各经济体改革的措施来看，宽进严管是过去 5 年各经济体改革的目标。各地区的监管改革虽各有侧重，但改革措施中仍有 2/3 以程序便利化为重点，1/3 以加强监管制度框架为目标。Hoffman、Munemo 和 Watson（2014）认为，未来研究的一个重要领域应该是，到底监管多少对于市场准入最为合适？《营商环境报告》认为，监管不在是多还是少，关键是监管的效率和质量，政府要实施"聪明"的监管（smart regulation），促进市场交易，但不妨碍私营领域的发展。成功监管的秘诀是，制定关键法律法规，但决策应该高效、透明、可预期，中小企业不会因此而受干扰。实施有效监管，为企业经营者享有公平竞争的环境。通过行政干预，能够有效纠正和避免传统的市场失灵，同时缓解收入不均等市场容易导致的社会负面效应。

六、营商环境改革的综合治理问题

实践证明，有活力、增速快的经济体会持续改革和修订营商法规。而监管改革需要政府多部门形成共识。营商环境改革是全面改革的组成部分，营商环境指标的改善与法治、反腐败的改善正相关。这点将在下文开办企业便利度的综合治理问题上详述。

第二节　开办企业便利度改革

一、开办企业便利度热点研究

（一）开办企业便利度与营商环境

世界各国普遍简化开办企业程序，以鼓励大众创业。自 2009 年以来，开办企业就是各经济体普遍的改革重点。2015 年，189 个经济体记录的 231 项商业改革中，最为集中的是在开办企业领域。

事实上，世界银行的营商环境指标是根据 10 项分指标加权平均算出来的。其中 10 项指标中，开办企业便利度指标列第一（其余 9 项指标分别是获取施工许可、获取电力、财产登记、获取信贷、保护少数投资者、纳税、跨境贸易、执行合同和办理破产）。

研究表明，开办企业作为营商环境的第一道门槛，对营商环境便利度至关重要。开办企业更便利的改革，可以带来更多新公司的成立，而这又与就业机会和经济增长密切相关。营商环境指标改善最大的经济体，公司密度上升快。例如，在 OECD 成员国提取的样本分析表明，创业程序减半，可使企业注册平均增加 14%；创业所需天数减半，可使企业注册平均增加 19%；创业成本减半，则可使企业注册平均增加 30%。

具体看几个国家的实例。墨西哥改革后创业程序减少了 60%，该国公司总数增长了 5%；葡萄牙将创业时间和成本减少了 50% 后，公司总数也增长了约 5%，新公司注册量增长了约 17%，增长部分主要集中在那些"最容易受到冗繁规定阻碍的"产出不高的公司，如"低技术领域的"小企业。意大利各地区的对比研究表明，创业程序较长的省比创业程序更简明的省企业注册率低。此外，改革带来的溢出效应也不可忽视。

（二）开办企业便利度改革的力度不断加大

纵观各国开办企业便利度改革实践，如果一个国家的改革力度保持原有水平，或者只是小幅度提升，其在全球营商环境指数的大榜单总排名中却往往下降很快。

以加拿大为例，《2015 年营商环境报告》中加拿大开办企业所需程序 1 个、时间 5 天，2016 年程序 2 个、时间 1.5 天，加拿大却下降 1 位，由第 2 位降为第 3 位。

再以智利为例，该国 2014—2016 年连续三年在开办企业的各项打分指标（程序、时间、成本占人均国民收入比重、实缴资本下限占人均国民收入比重）均没有变化，但是名次却由 2014 年的第 22 位，下降到 2015 年的第 59 位，2016 年则为第 63 位。

中国也是如此，《2016 年营商环境报告》指出，中国开办企业的程序、时间均与 2015 年持平，而开办企业的成本占人均国民收入百分比有所下降，从 0.9% 下降到 0.7%。但是中国的排名却由第 128 位下降到第 132 位。

（三）开办企业便利度改革的综合治理问题

如前文所述，营商环境改革无法依靠一个部门单打独斗完成，必须依靠多个部门综合治理。开办企业便利度改革作为营商环境改革的一项重要内容也是如此。

开办企业不仅仅是发证这一个环节，还涉及税务、公安、统计、社保、购买发票等多个环节。开办企业最便利的前 10 个经济体普遍采取了跨部门全流程优化模式，程序最多 3 个，时间最长 3.5 天。而相比之下，我国的注册程序共有 9 个，注册时间 28.9 天，主要有名称预核准（1 天）、公章申请（1 天）、发票申请（10 天）、社保申请（1 天）等程序。另外领取营业执照（1 天）和刻公章（1 天）、购买发票（1 天）并不在同一个地方，所以需要花费更多时间。我国目前开展的多证合一改革应该说符合国际关注，符合国际改革方向。

（四）开办企业的便利与实际利益拥有人的信息采集和披露

开办企业在不断放宽门槛的同时，也要加强注册信息的采集效率和管理效能。是否采集实际利益拥有人的信息是近三年来各大国际注册会议中的热点。模糊不清的企业构架经常被用于伪装企业资产的实际拥有者，企业的这种保密行为可能会导致国内甚至国际化的洗钱、偷税漏税等其他全球化犯罪行为。

为了打击这些犯罪行为，并进一步深化公司透明度，2014 年的 G20 领导人在峰会上确认对实际利益拥有人的透明度采用新的高规格原则。目前，在确认登记实际利益拥有人的 28 个国家和地区中，有 17 个国家和地区在注册登记机构登记。在国际组织讨论中，登记和披露实际持有人信息，一方面可以防范外商投资有可能带来的国家安全、偷税漏税、洗钱、"假外资"等方面的风险，另一方面也符合我国目前反腐的要求。

二、开办企业便利度国际测算的四大指标

《营商环境报告》评估开办企业便利度主要有 4 个项目，即开办企业和正式进入工商行业所需的所有官方手续或实践中通常需要的程序、完成这些程序的天数、成本以及最低实缴资本要求。

（一）程序

这些程序包括从相关部门取得企业和从业人员所有必要的许可证以及完成公示、证明。经济体开办企业便利度的排名取决于其在开办企业方面的前沿距离分数①的排序。这些分数只是每一个零散指标的前沿距离分数的简单平均。前沿距离分数能表明一个经济体和"前沿水平"之间的距离，来源于最有效的实践或每个指标达到的最高分。

---

① 前沿距离分数（OTF）显示每个经济体与"前沿水平"的距离，它代表自 2005 年以来每个指标在《营商环境报告》样本的所有经济体中观察到的最佳表现。经济体与前沿水平的距离反映在 0—100 的区间里，其中 0 代表最差表现，100 代表前沿水平。营商便利度排名范围为 1—190。

在对法律、法规及公众可查询的信息进行研究之后，就可以列出开办企业的相关手续清单，包括通常情况下每个手续所需的时间和成本以及最低实缴资本的要求。随后，当地企业律师、公证员和政府官员就可以完成并核实数据。

有关手续完成顺序和手续是否能同一时间完成的信息也会被收集。假设所需信息都可以轻松得到，企业家也没有行贿，如果地方专家的结论不同，那么调查还将继续，直到数据完全协调。

为了使各经济体的数据能够相比较，也使用了一些有关企业和程序的假设。对于企业而言，一般都是选择有限责任公司（或有法律同等地位的企业）。如果在一个经济体内有超过一种的有限责任公司，那么就选取国内企业中最常见的有限责任公司形式。有关最常见形式的信息来源于公司律师或统计部门。

程序是指公司创立人需要和外界有关方面（比如，政府部门、律师、审计师或公证处）打交道的频率。公司内部的程序不算在内，如公司老板与员工之间的沟通。如果该步骤是在同一栋大楼内，但是与不同部门打交道，那这几道程序分别计算。我们假设创业人本人完成所有程序，不涉及中间人、协调人、会计师或律师，除非法律要求必须聘请代理机构，或者大多数企业家要求聘请代理机构。如果有这种聘请专业服务机构的要求，那么就单独计算一道程序。每一步电子程序都单独计算。如果某道程序在同一网站办理，但是需要不同的申请步骤，那么就计算为两道程序。

《营商环境报告》记录了预注册和后续注册的所有程序（见下表）。

开办企业的指标如何计算

正式开办一家企业所需的程序（数量）
预注册（比如，名称核准或者预留、公证）
在该经济体最大商业城市的注册

续表

后续注册（比如，社会保障注册、公司刻章）
完成每项程序所需的时间（天数）
不包括收集信息的时间
每一道程序始于第二天（不能在同一天启动两道程序）——如果能完全在线完成，就不适用于本条
收到最终的执照后，视为程序完成
之前没有和官员接触
完成每道程序的成本（占人均收入的比重％）
只是正式成本，不包括贿赂
没有包括支付给专业代理机构的费用，除非法律有所要求
最低注册资本（占人均收入比重％）
注册前需在银行的存款或公证的存款（或注册前3个月）

计算程序时，还包括与公共机构的官方信函或与公共机构打交道。比如，如果正式文件上需要公司印章，那么刻章算一道程序。同样，如果公司必须在登记销售税或增值税前开设账户，那么这也算一道程序。

程序必须适用所有公司，如果只是个别行业的程序则不算在内。比如，开展工商业活动的一般环境管理要求纳入在内，但是有关电、水、废水处理等特别程序不算在内。

（二）时间

时间是按照公历天数计算的，即完成上述程序所需要的平均时间。一道程序至少需要1天，除非是在线完成（算半天）。尽管有些程序是同时进行的，但是不能从同一天开始（也就是说，如果是同时进行，在计算时从第二天开始）。但是如果是在线完成，那么就可以同天计算。程序完成是指申请人收到执照号或者税号。

如果有些程序可以加快进行，但需要额外费用，那么在计算时会选择

对经济体排名最为有利的数据。《营商环境报告》没有考虑企业收集信息的时间，并且假设企业以最有效的方式办理登记，没有浪费时间。

（三）成本

以经济体人均收入的平均值来记录成本。它包括所有官方收费和法律规定所需的法律或专业服务费用。如果法律对购买和合法化公司账本有规定，那么这些费用也包含在内。虽然增值税注册可以算作一个单独的手续，但增值税并不是企业成本的一部分。公司法、商法、单行法规和收费标准都可以作为计算成本的依据。如果没有收费标准，那么就采用政府官员和公司律师的估算数。如果不同的公司律师提供出不同的估算数，就采用中间值。所有数据都不包含行贿。

（四）实缴最低资本

对实缴最低资本的要求反映了企业家需要向银行账户存进的钱数，或从注册前到注册后3个月，在公证人的见证下，公司所有的资本数。实缴最低资本以经济体人均收入的平均值来记录。该资本数通常在商法或公司法中规定。很多经济体对最低资本有要求，但允许企业在注册前只缴纳一部分，剩余部分在成立一年后缴清。比如，2014年6月，在土耳其，最低资本要求是1万土耳其里拉，其中1/4需要在注册前缴清。因此，土耳其的实缴最低资本是2500土耳其里拉，或人均收入的12.14%。

三、开办企业便利度国际评估的三大标准

公司注册记录和更新新公司和老公司的信息。公司注册部门主要负责为企业提供独一无二的认证、注销破产公司，同时提供公司名称查询服务、保留公司名称，颁发企业营业执照。

这些工作能帮助政府衡量纳税基准，了解企业统计数据，包括各类企业（不同规模、不同所有权）的数据。同时，还能帮助政府确定哪些企业可以参与公共招投标。此外，还能促进消费者保护，因为营业执照经常代表质量检查，确保特定行业经营者的行为，如食品和药品行业，能达到健

康安全和环境标准。

在衡量公司登记部门的工作效率方面，世界银行认为有必要按照以下几个要素进行评估。

（一）综合电子数据库

一个有效的电子数据库能包含最新的公司信息，包括新公司和老公司的信息，而且这些信息公众很容易就能获取，不论是通过在线方式，还是在公司登记部门查询的方式。以前很多国家通过纸质文件保存公司信息，现在很多经济体将公司信息电子化。

（二）一站式服务

一站式服务越来越普遍。从全球来看，100 个经济体已经启动了一站式服务。公司注册只需要去一个地方就可以全部完成，这个地方囊括了企业需要经常拜访的若干政府部门，分别安排在不同窗口或柜台。有些地方甚至提供了"统一窗口"服务，公司只要和一个窗口打交道即可，在这个窗口提交所有材料，该窗口会将材料分发到相应部门进行处理。

（三）在线注册

注册登记电子化是必然趋势。衡量登记电子化的服务标准，不仅仅包括完备的网上申请与审核，还包括细致的咨询和全面电子信息查询服务。

据统计，全球 189 个经济体中的 144 个已经引入了在线服务平台。95 个经济体的公司登记部门广泛应用了在线服务。60% 可以实现在线注册公司，58% 允许企业远程注册公司。最常见的在线服务包括：在线公司名称查询、在线提交材料和办理申请、在线申请年度账户和在线实现不同部门的数据交换。

目前，全球平均企业设立受理时间为：纸制材料 28.3 小时、网络电子化材料 12.1 小时，其中强制电子化服务为 12.4 小时，非强制电子化服务是 21.0 小时。亚太地区的平均企业设立受理时间为：纸制材料 22 小时、网络电子化材料 4 小时。

在新西兰和新加坡，企业可以全程电子注册。因为不同部门的系统是互联互通的，企业可以在办理登记注册的同时，办理税务和社保登记。有

些经济体,特别是中小经济体,如哥斯达黎加、厄瓜多尔、赞比亚、肯尼亚等。开始电子化工作,使部分业务电子化,如公司名称在线查询、在线填写和提交登记表、获得电子认证号。

为了实现有效电子注册,所有纸质的公司注册信息必须电子化,载入统一的数据库,还必须实现在线名称查询、电子文件申请和在线支付功能。同时,还要优化与其他政府部门的数据交换,比如征税系统、社保系统等,以便进一步缩短注册时间。此外,还必须有稳定的互联网,这些都是实现在线注册的必要条件。

技术运用最先进的是 OECD 经济体——高收入经济体,主要集中在欧洲和中亚。高收入和中高收入经济体的公司登记部门,相较于低收入经济体而言,会提供更为广泛的在线注册服务。这也很好理解,因为开发和启动这样的在线系统成本很高。在线平台往往是大型跨国技术咨询公司设计开发的,而且开发周期要好几个月。系统成本少则 2 万美元,多则几百万美元,这要看实现多少在线业务。在尼泊尔,财政部拨付了 44.7 万美元专项经费,为期 3 年,要使该国的公司登记部门变得现代化。一旦该系统到位,后续还需要大笔经费来维护。在哥伦比亚,在线的全国商事登记数据库需要 9 台服务器,一年花费 100 万美元。

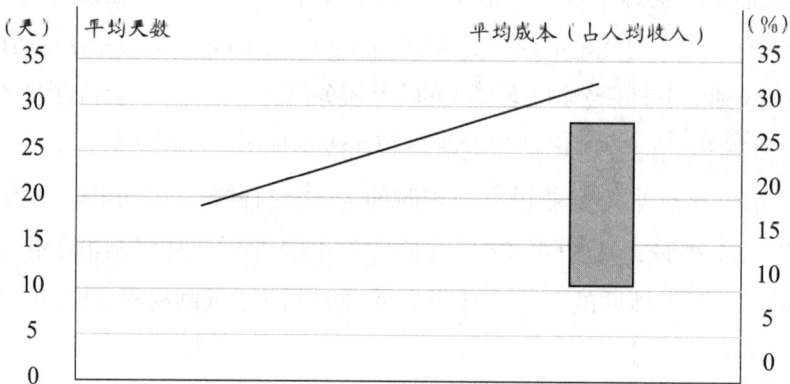

在线注册使得开办企业省时省钱

四、开办企业便利度改革的国际经验借鉴

部分国家开办企业便利度改革措施

做法	经济体	亮点
简化预注册和注册手续（发布、公证、监管、其他要求）	阿尔巴尼亚、保加利亚、冈比亚、印度、伊朗、牙买加、马拉维、马耳他、毛求斯、尼加拉瓜、挪威、斯洛伐克、西班牙、斯威士兰、英国、危地马拉	危地马拉官方公报通过调整内部程序，减少了发布公司注册通知的时间。伊朗将名称预先核准和公司注册整合至一个窗口办理
取消或降低最低注册资本要求	奥地利、贝宁、中国、科特迪瓦、捷克、丹麦、意大利、摩尔多瓦、圣多美和普林西比、塞内加尔、多哥	中国和科特迪瓦都取消了最低注册资本的要求。同时，中国还取消了"创建银行账户、出具存款证明"的要求
削减或简化注册后程序（税务注册、社会保险注册、许可证）	亚美尼亚、希腊、牙买加、立陶宛、毛里塔尼亚、俄罗斯、美国	立陶宛取消了企业公章的要求，不在实际操作中使用公章。毛里塔尼亚取消了在官方公报发布企业状态的要求
引入或提升在线程序办理	阿塞拜疆、克罗地亚、冰岛、印度尼西亚、前南斯拉夫马其顿、瑞士、特立尼达和多巴哥	特立尼达和多巴哥引入了在线企业注册平台，将注册时间从38天缩短至14.5天。前南斯拉夫马其顿引入了免费在线企业注册系统
创建或提升"一站式"服务机构	刚果民主共和国、法国、苏里南、塔吉克斯坦、东帝汶	东帝汶创建了"一站式"服务机构，在同一机构可以预先核准公司名称、提交公司状态信息、申请和获得公司注册号以及发布公司状态

（一）提高企业注册电子化服务水平的国际经验借鉴

根据国际经验，注册电子化不仅仅需要进一步简化公司注册流程，提高注册效率，还要全方位提供优质咨询服务。因此，值得注意的是注册登记部门的电子

化改革在多个国家和地区引发了内部机构的改革。由于不再设立窗口受理与咨询人员，面对数量惊人的网上及电话咨询需求，客服中心的设立成了必然。

以英国公司注册署为例。自实施登记注册电子化工作起，客服部门不断壮大，目前编制人员80人（其中30人为社会志愿者），占总机构人员的8.8%，在工作时间保证有55人同时工作，通过在线网络、电子邮件及电话解答注册登记咨询。2014—2015年，澳大利亚升级了客服中心，服务包含电话回复，答复后的客户反馈与网络聊天解答系统。2015年，俄罗斯也开通了全国客服热线。这点值得我国借鉴。在我国，除深圳等少数地方将登记注册咨询服务交给12315热线外，绝大部分地区没有专业的客服中心，很难满足客户咨询的需要。

此外，企业电子信息查询范围也需要进一步放开，并需要不断完善查询服务。英国公司注册署从2015年6月1日起，将英国注册登记的公司信息通过网络平台对公众开放，涉及公司账户、公司档案、董事与董秘基础信息等1.7亿条公司信息。注册署还采用高科技手段采集查询人关注热点，不断改进查询系统。

（二）四个国别实例研究

1. 越南——综合治理出成效

越南在联合国工业发展组织的帮助下，对其开办企业流程进行了全面改革。

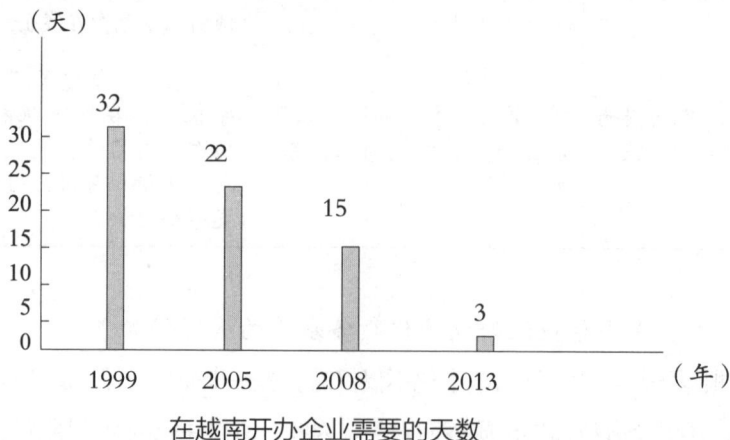

在越南开办企业需要的天数

2008 年，在越南注册企业要花 15 天。尽管比以前有所进步，但这还是让企业家办手续费时费力，也就意味着雇员无法尽早获得就业岗位，国家损失税收收入，而且冗长的程序让很多合法企业只能"地下"经营。另外，企业家无法第一时间获得商业注册号，就无法在税务部门获得税务证号，并去本地的公安部门获得印章许可。而经办上述每一步，都需要填写同样或类似的表格，人们不得不花好几天的时间排队，还得来回跑。这些都很花钱。

联合国工业发展组织利用挪威发展局、瑞士经济事务国务秘书处的资金支持，对越南提出了综合改革建议：

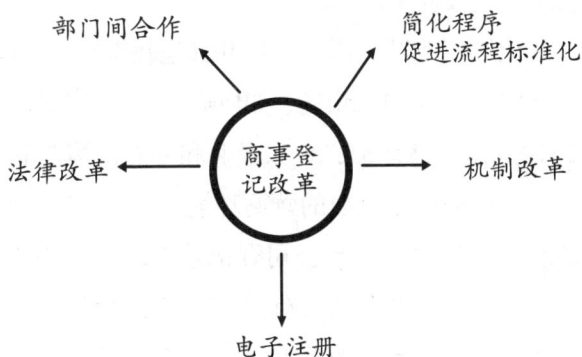

部门间合作　　　　　　简化程序
　　　　　　　　　　　促进流程标准化

法律改革　　　商事登
　　　　　　　记改革　　　机制改革

电子注册

（1）减少程序。比如废除印章许可，为企业减负。

（2）统一流程。通过提高中央和各省在商事登记方面的能力，所有省份的地方注册局开始使用统一的电脑流程，不管是注册新企业还是对现有企业进行变更登记。

（3）修订法律。对现有法律进行梳理，并重新调整。

（4）理顺机制。联合国工业发展组织建议越南协调规划投资部和全国 63 个省地方注册局、财政部下的税务总司和 63 个省的税务部门以及公安部联合发起商事登记改革。

（5）改进作风。改革不能仅限于法律、机制和技术层面。规划投资部下的商事注册局和地方注册局合作，促使注册工作人员树立用户友好的意

识，态度友好，服务到位。

（6）电子注册和开放电子查询数据库。2013年4月，在联合国工业发展组织的协助下，越南国家商事注册局完成了电子签名、电子付费、在线注册和在线信息提供服务（www.businessregistration.gov.cn）。任何人都可以在线注册企业，不需要排队，也可以在线查询企业名称和完成变更登记。更为重要的是，注册人员、公共机关、研究人员以及普通大众都可以查询到合法有效信息，只要是在越南合法注册的企业都可以在线查询，只需要支付一小笔费用。控股公司的财务报表也可以查询并下载。国家商事注册局的在线服务对于降低在越南经营的风险非常有意义，因为潜在的合作伙伴可以最有效的方式彼此了解。

对于商事登记制度改革，越南政府和其他政策制定者也很受益，因为他们可以实时了解企业是如何进入市场、如何解散的，不管该企业处在哪个行业。截至2014年2月底，越南已有832789家企业和分支机构在电子数据库中登记。

2. 卢旺达——促进有竞争力的营商环境

卢旺达政府一直致力于提高公司登记效率，这是作为更为广泛的商事监管改革的一部分，此项改革旨在促进私营部门发展。此项措施是深化改革的当头炮。之所以要进行改革，是因为卢旺达政府深信，有效的营商环境能促进经济发展，创造就业，减少贫穷。

作为开办企业方面的系列改革，2008年卢旺达政府成立了公司注册总署，提供有效注册服务，并且负责营造有竞争力的营商环境。这个新部门负责实施相关商事法，如公司法、登记和注销条例等。2009年5月，卢旺达设立了一站式服务，优化公司检查、支付服务，以及税务和公司登记流程。

这些公司登记改革的结果是，仅2009年单年就新注册了有限公司3028家，几乎是前5年的总和（3374家）。进一步简化开办企业程序后，卢旺达于2009年颁布了新公司法，这促进了该国新设立公司的持续增长。2012年这一数字已经达到了6655家。

如今卢旺达公司注册总署的主要工作是将注册系统完全无纸化，促进电子注册服务。其他重点工作还包括确保准确和及时的信息服务，增强正式开办企业的意识。为了增强透明度，公司注册总署公布了各项服务的收费项目和收费标准，并向公众公开，不仅在注册大厅，而且在网上公开。

过去 10 年卢旺达在营商环境方面有很大进步。其商事监管改革为私营部门节约了近 500 万美元，增加了大约 4500 万美元投资，创造了15000 个工作岗位。在 2006 年改革前，在卢旺达设立一家有限责任公司需要 9 道程序、18 天，费用占人均收入的 235.5%。如今，注册公司需要 8 道程序、6.5 天，费用占人均收入的 52.3%。卢旺达的发展面临很多挑战，但事实证明，在低收入经济体，也是可以采取国际通行好做法改善监管环境的。

3. 智利——创造新的在线注册系统

近年来，智利政府一直致力于减少国家的非正式经济活动，敦促企业正式注册。2013 年，智利通过新法，允许在线注册企业，并统一了经济部主管的公司注册系统，在智利的任何一个地方均可以免费登录。新法是国家持续提高政府行政效率战略的一项内容。智利意在通过使用最新的科学技术提高行政效率，推动该国进一步实现政府数字化管理，并培育国家的创业精神和整体竞争力。政府还希望大力改善官僚作风和繁文缛节，而这在拉丁美洲很普遍。

私营企业协会支持新法，但是智利公证处起初是反对的，因为公证处的权力被削弱了。但是对于私营业主来说，新法可以节省时间和金钱。

电子注册系统名为"你的公司，一天诞生"。这不仅是一个新系统，而且是与现行纸质登记并行的新公司注册系统。用户可以免费在线注册。用户只需填写电子表格，提供表格要求的公司和股东信息。整个过程只需要几分钟，之后就能获得系统自动提供的执照。系统还为新公司自动分配一个纳税认证号，公司注册系统会自动与税务局的在线系统连接。通过这个网络服务，系统可以自动在税务和民事登记局系统内进行身份检测。

智利还测试了"你的公司,一天诞生"系统是否成功。在该系统启动7周后,近一半的新设立有限责任公司是通过新在线注册系统产生的。在开始的8个月内,政府估计超过2万个公司会通过在线系统产生。而2013年通过电子系统登记的公司数超过了85000个,是2009年的2倍。该国最终的目标是实现几乎100%的电子注册(与英国一样)。

智利的在线公司注册程序耗时更短,而且更加便捷。该系统还在不断升级。在线注册系统要扩容,政府计划提供更多服务,允许其他市场主体也进行企业电子注册。

4.英国——不断简化开办企业的程序

在英国,开办企业需要与英国公司署打交道。根据2006年公司法和1985年的前法,所有新设立的有限责任公司必须在公司署登记,之后才能开业。在电子时代到来之前,这是一件费钱费力的事。因为申请人必须到公司署跑一趟,排长队,而且邮寄费也很贵。公司创立人通常还得聘请律师起草公司章程。

但是公司署在2001年就开始大幅度简化程序,并引入了电子申请系统,增加了数据的透明度,而且在网上发布公司章程范本。这些变化使得公司登记更有效率、更便捷、成本更低。如今,通过简化申请文件,在公司署办理登记只要花几个小时就可以了。所有这些登记表格都可以免费在公司署网站下载,而且网上还配有指南,详细介绍该如何填表。注册可以在线完成,也可以在公司署登记大厅完成。公司署大厅也配备了电脑,企业主可以在线登记。

企业主有效利用了电子注册。在头几年,电子注册公司数大幅度上升,从2001年的25%增加到2009年的95%。2013年,98%的新公司是通过电子注册完成的。

除了提供在线注册外,公司署还简化了预注册程序。一个很重要的步骤就是增加登记数据库的透明度,方便用户在开办企业前的查询。公司署免费提供已注册公司的基础信息,企业创立人可以很方便地在线或在公司署办公楼内查询企业名称。如今公司署每年免费提供 2.35 亿个公司注册信息在线（或移动终端，如手机）查询。

　　自 2012 年起，公司署的公司信息库扩容，还包括公司电话号码、地址、状态、注册日期、账户等。2013 年，有 15000 个公司信息数据被下载。过去 10 年，公司署不断增加数据透明度、提供更好的电子注册流程和免费的信息服务，英国的新注册公司数倍增加。

第二章 品牌经济与商标品牌主要国际关注

我国经济正在向形态更高级、分工更复杂、结构更合理的阶段演化，经济发展进入新常态。因为经过 30 多年持续高速增长，我国经济发展条件和环境发生深刻变化，传统比较优势趋于弱化，经济步入中高速增长新常态。新常态是质量效益进一步提升的阶段，要求我们必须加快转变经济发展方式，更加注重内涵式发展。其中一个重要方面，就是大力实施品牌战略，把品牌经济作为新常态发展的重要支撑和进取方向。品牌经济是以品牌为核心整合经济要素、带动经济发展的高级经济形态，是一个国家或地区综合实力和竞争力的表现。

党的十八大报告指出，要把经济发展的立足点，转到提高质量和效益上来，要促进形成技术、品牌、质量和服务的竞争新优势。

2014 年 5 月，习近平总书记在河南考察时就提出"推动中国制造向中国创造转变、中国速度向中国质量转变、中国产品向中国品牌转变"的重要思想。

中国品牌迈向中高端，要紧握创新这把钥匙。习近平总书记在 2016 年 G20 工商峰会上强调："创新是从根本上打开增长之锁的钥匙。"在新发展理念中，创新作为核心要义排在首位。创新力从根本上决定着一家企业、一个品牌能走多远。强品牌，必须以创新驱动战略为支点，切实提升自主创新能力，将创新基因融入品牌建设，坚持研发攻克新技术，打造开发新产品，积极培育新业态，探索开拓新模式，加速转化新成果。同时，在全社会形成热爱创新、鼓励创新、持续创新的浓厚氛围，让创新深入人心、蔚然成风。

第一节　品牌经济

品牌在日常生活中无处不在。品牌是消费者不可或缺的指南，是企业在市场上建立声誉与形象的重要手段。产品要在竞争中脱颖而出，品牌的重要性绝不亚于产品的质量或价格。简言之，一个获得公认的品牌是企业最具价值的无形资产之一。

尽管大家对品牌经济非常关注，但相比于专利与创新方面的大量研究，能够说明品牌与商标使用对经济的影响的研究非常有限。这方面的讨论主要集中在世界知识产权组织，其定期发布《世界知识产权报告》，并于2013年发布了《品牌——全球市场上的声誉和形象》一书，对品牌经济的若干重点问题进行了量化分析。

一、品牌经济与"跨越中等收入陷阱"

品牌经济发达与否是区分发达国家与发展中国家的重要标志。2016年，在全球企业最有价值的100个品牌中，美国有52个，占半壁江山。10个来自德国，8个来自法国，6个来自日本。美国90%的出口额来源于品牌经济；一些欧洲国家人均收入靠前、生活富庶悠闲，也在于拥有一批国际知名品牌，凭借品牌溢价功能获取超额利润。

相比较而言，我国已经成为全球第二大经济体，200多种产品产量居世界第一，但大部分缺少品牌优势。事实上我国制造业水平居世界前列，60%的国际奢侈品品牌在中国代工生产（OEM），有的在中国生产产品，有的在中国完成大部分工序，运到品牌国完成最后工序。我国出口商品自主品牌比重仅略高于10%，赚的是"血汗钱"。中国品牌创造经济价值的

能力还不够强，全球知名品牌不多。在 2016 年最具价值品牌排行榜上，我国仅有华为和联想入围，分别列第 72 位和第 99 位。2017 年 2 月 6 日，英国专业品牌咨询公司 Brand Finance 发布了"2017 年度全球最具价值品牌500 强"排行榜，共有 55 个中国品牌上榜，其中 16 个品牌跻身前 100 强，且首次有中国品牌进入前十。尽管中国刷新了榜单历史，但相对于巨大的商标基数，比例依然很低。可以说，在全球产业分工中处于"微笑曲线"底部，中国是典型的产品大国、品牌小国。

根据世界知识产权组织的研究，品牌、信誉和形象在不断增加的全球生产网络和国家贸易中越来越重要。在全球价值链中，不同国家的生产过程被分解并被分散。经常是有品牌的企业或大的具有驰名商标的品牌零售商在信息来源中发挥主导作用，即从独立供应商的分散网络上，确定产品和加工说明书及标准，并在这一过程捕获最大利润。在全球价值链中控制高附加值活动的能力常常停留在上游，如概念开发、研究开发或关键零部件制造；或者也可能停留在一些下游活动上，如营销、品牌建设或客户服务。而这些上游或下游活动的特点是入门的高壁垒，而且它们要求获得高回报，通常由高收入国家的"领导企业"获得，商品的实际物质生产常常留给全球运营的总承包供应商，利润率低，产量大。

尤其是随着世界各国收入的提高，商标和品牌达到了新的无所不在的程度。根据国际经验，一个国家人均国内生产总值达到 3000 美元时，就进入品牌消费时代。全球 191 个经济体，125 名以前的经济体人均国内生产总值超过了 3000 美元，可见全球基本步入了品牌消费时代。再加上互联网经济的兴起，模仿型排浪式消费阶段基本结束，消费者对品质、时尚、服务的需求与日俱增，个性化、多样化消费渐成主流，品牌消费潜力巨大。因此，品牌经济的重要性更加凸显，发展品牌经济是跨越中等收入陷阱的重要抓手。

世界知识产权组织对不同国家的有形资产投资和无形资产投资进行对

比测算。高收入国家对品牌的投入明显超过对有形资产的投入。

二、品牌经济与国家形象和软实力

国际上越来越认可品牌建设不再是企业的专利，个人、社会组织尤其是政府和政府间机构越来越多选择积极地开展品牌推广。

很多国家更了解强有力国家品牌的杠杆效果，许多国家正在开展强有力的国家品牌战略。经济学研究已经证实消费者对品牌的认知与其相关联的原产国的反应是正相关的，原产地国家可以成为消费者决定从一个特定国家购买产品时的关键因素，因此该公司所在的国家已构成企业形象的一部分。

因此，很多国家就像企业管理品牌一样，不断增加参与促进它们的品牌，并且以更加积极和深思熟虑的方式参与，这不仅仅是为了促进旅游业，而是把国家品牌建设战略作为主要目标。比较突出的是 1977 年的"我爱纽约"宣传。强化国家品牌能对经济层面产生积极广泛的影响，如外商直接投资、贸易和熟练技术工人的加入。作为这一战略的一部分，自从 20 世纪 90 年代起，许多国家成功地创立了独特的原产地国家标志。比如，100 多年前，德国产品被强制标记"德国制造"，目的是确立"德国品牌、质量一流"的国家形象，限制其低质商品进入英国市场。而今天，"德国制造"已成为高品质的代名词。

此外，大力实施品牌战略，以品牌经济增强核心竞争力，培育本国的知名品牌也是很多国家品牌战略建设的重要组成部分，因为企业品牌与国家形象正相关，知名国际品牌是响亮的国家名片，对于提升国家影响力和文化软实力具有重要作用。一个国家或地区经济崛起的背后往往是一批品牌的强势崛起。比如日本、韩国把品牌战略作为国家战略，逐步在国际上形成良好的品牌声誉。韩国经济成功转型主要就是依赖现代、三星、LG 等一批优势品牌。

第二节　商标品牌

一、品牌与商标

根据世界知识产权组织《品牌与声誉》报告，商标和品牌天然不可分割。日常讲话中常常把品牌和商标当作同义词。

作为世界贸易组织协议的一部分，《与贸易有关的知识产权协定》（TRIPS）定义商标为："任何能够将一个企业的商品和服务与另一企业的商品和服务区别开来的标志或标志组合，均应该能够构成商标。"

美国市场营销协会指出，"品牌是一个名称、术语、标志、符号或它们的组合，意在识别一个销售者或一组销售者的商品和服务并将它们与其竞争对手区别开来"，同时强调了商标和品牌的近似。Landes 和 Posner（1987）在他们具有影响力的关于商标经济学专著中也指出，商标和品牌是"粗略同义词"。

随后一些经济研究认为，商标是法律概念，品牌是商业工具。商标是品牌实现其商业功能的法律靠山。确实，一种品牌通常由几个商标保护，而品牌的管理不可避免要涉及商标法，品牌获得法律保护的主要途径是依法申请商标注册，取得商标专用权。

有些研究认为，在企业层面多种能力有助于品牌价值的提升和品牌发展，因此，不仅是商标，其他知识产权形式，诸如工业品外观设计、专利、版权等都对品牌价值有所贡献。但是商标是运用最为广泛的知识产权，是品牌的核心和基础，是品牌的外在表现形式和价值延伸。

第一，品牌的声誉价值通过商标来实现，因为商标能够解决买卖双方信息不对称问题。

品牌的声誉价值指的是消费者对商品有所偏好，如实用性、功能性、稳定性等，但很多时候，在市场上，同类商品有很多提供者，质量特征也是千差万别，消费者无法一眼看出来。买卖双方掌握的商品信息并不对称。消费者作出购买决定前往往会花费时间和金钱货比三家，依靠自己的经验，或者参照生产商或第三方提供的信息，才能选择最适合自己的商品，从而确定品牌的声誉，商标体系就为提升消费者的信心提供了法律框架的支撑。商标体系根据特定的规章制度，赋予名称、标志和其他商业标识以专用权。

除授予专用权外，商标体系还通过其他方式降低搜索成本，促使生产商与销售商针对具体商品或服务创建简明的标识。商标让人们关于商品与服务的沟通变得更加容易，既帮助消费者区分不同商品的同类商品，又促进了卖方之间的有序竞争。降低搜索成本能够激励厂商投资高质量的商品与服务，因为他们有理由相信，消费者能够慧眼识珠。所以商标处于商品差异化品牌战略的核心。

如前所述，商标旨在弥补市场失灵，而专利和版权则是旨在解决发明和创新成果的公共产品属性问题。商标是直接与市场联系的知识产权，最具有市场影响力的知识产权。大部分知识产权的保护都有期限（专利的保护期是20年），期限过后，标的就进入公众领域。这体现了折中思想，一方面鼓励创新和发明，另一方面要控制因限制市场竞争而带来的社会成本。但对于商标而言，只要所有人持续使用，就没有时效方面的限制。

第二，商标的影响力大于其他形式的知识产权。

专利和工业品外观设计禁止竞争对手抄袭那些消费者看中的产品外观特点或技术。表面来看，商标似乎不具备同样的排他性，只要求其他厂商不以同一品牌名称销售商品即可，但事实上，品牌恰恰可能是唯一重要的标识；商标保护具有重大形象价值的品牌，而该品牌本身就是消费者关注的重要产品特征，这是竞争对手无法抄袭的。而且，即使无关形象价值，一些客户也不愿再花费成本去挑选其他品牌的商品，因为这些品牌在消费者中具有很大的号召力。毕竟，由于存在信息不对称性，消费者宁愿出高

价购买自己信得过的品牌商品，以省去寻找同样能满足其需求的其他商品所花费的时间。

第三，相对于其他形式的知识产权，商标的应用更为广泛。

商标不同于专利，应用范围不只限于走在技术前沿的企业或技术处于快速发展的行业。几乎所有行业的企业都是用商标来保护品牌的专用权，这其中也包括在大多数国家对 GDP 贡献最大，而对其他形式知识产权的使用又有限的服务业。中小企业对商标的依赖要远远超过对专利的使用。而且，很多中低收入的经济体虽然对其他形式的知识产权需求不大，但对商标的使用却非常活跃。例如，一项关于知识产权在智利使用情况的研究表明，申请知识产权保护时，92% 的申请者只填写了商标保护这一项。

二、品牌与广告

品牌价值的实现需要通过商标推广实现，而商标推广的主要途径是广告。实际上，商标与广告自古以来就联系密切，不可分割。商标帮助消费者识别商品或服务；广告则能唤起人们对商品的需求。在古代，商标和广告甚至合二为一。最早的广告是巴比伦人在公元前 3000 年前使用的。在产生正式的、合法的商标制度之前，有显著区分的广告就是消费者区分不同商品或服务的标志。

商标品牌的推广通常是对创新的补充，通过品牌推广，企业可以增加对其产品和服务的需求，加强消费者购买其产品和服务的意愿。尤其是广告能够增加企业产品在相关消费者中的知名度。强大的品牌声誉，特别是彻底的品牌忠诚度，会使消费者愿意接受更高的价格，因为转而选择与其竞争的品牌将产生搜索成本。此外，品牌推广使企业能够将其形象与其提供的产品和服务联系起来。对于许多产品，尤其是奢侈品而言，形象是重要的产品特征，是消费者做出购买决定时在意的因素。通过以塑造形象为核心的品牌推广活动，企业可以创造一个利基市场，并在个人喜好符合产品形象的消费者中产生更为强烈的购买愿望。

因此，品牌推广可以是市场能力的重要来源，企业创新就能从中受益。尤其是有证据表明，品牌推广是确保企业研发投资获得回报最重要的机制之一。因此，对创新投资越多的企业对品牌推广投资越多，其对商标的依赖也越大。一方面，广告主要起到提供信息的作用，能够使消费者在购买时立刻弄清楚产品的创新特征；另一方面，广告还起到了说服作用，使得消费者会重复购买。有证据表明，企业通过品牌塑造和推广获得的收益，比通过产品创新实现的收益更大，因为消费者从品牌声誉中受益，对价格就不那么敏感。所以，企业通过商标专用权防止消费者混淆，以促进市场公平竞争。

根据私人部门统计，2012 年和 2013 年全球广告市场价值达 5250 亿—5600 亿美元，约占全球研发支出的 1/3。2009 年，经济危机前后的广告增长主要是靠高收入经济体以外的经济体推动。而电视和印刷品依然是主要的广告媒介。广告花费的最强驱动者现在是互联网，2012 年占全球广告市场的 15%—20%。在美国和英国等国家互联网广告的比例相当高。据保守估计，广告支出在 GDP 中占比可观，在最高收入国家占 GDP 的 0.6%—1.5%，而在快速增长的中等收入经济国家，占比也朝相似水平增长。

有证据表明，实际人均 GDP 的增长与品牌投资的增加齐头并进。实际人均 GDP 每增加一倍，广告和市场研究的支出平均增加为 GDP 的 0.3% 左右。

三、品牌与反垄断

在某些情况下，强势品牌可能设置较高的市场进入障碍，因为新的竞争者可能无法承受高昂的广告费用，吸引消费者转而选择他们的产品。竞争机关对以下两种情况的品牌与竞争的平衡需要进行竞争后果的评估，并出面干涉：第一，并购可能导致各品牌集中到一家或者少数几家企业手

中，有导致合谋行为以及形成市场支配地位的风险。第二，在许可使用商标的时候，强势品牌的所有人对其被许可人设置限制，如维持转售价格或者限制使用竞争对手的产品，这些可能不当地扩大品牌所有人的市场力量。

第三节　商标经济学

一、商标与经济增长

商标是创新发展和经济内在活力的重要指标，因为商标通常是为新的产品、服务和企业而申请使用的。因此，商标申请趋势能反映更大范围的经济图景，而且商标的多项指标能反映经济发展的多层次问题。

（一）商标申请总量与经济发展

比如全球的商标申请量 2007 年停滞，2008 年和 2009 年因经济危机微降，2010 年和 2011 年实现两位数增长，自 2000 年互联网巅峰后再次出现两位数增长。2012 年增长又回到个位数水平，这之后几年的增幅均为 6%—7%。2015 年，全球经济复苏，商标申请量增长最快，2015 年全球商标增长了 15.3%，是 2000 年以来的最高增长率，商标申请总量达 840 万件（按照一标一类计算）。

此外，商标申请量排名前 20 位的国家与 G20 成员高度吻合，排名前 16 的国家均为 G20 成员（G20 中印度尼西亚、沙特阿拉伯、南非和阿根廷未进入商标前 20）。商标申请增长最快的除我国外，排名第二至第五的分别是美国、欧盟、法国和日本，这五个成员的申请量占 2014 年全球商标申请量的一半。

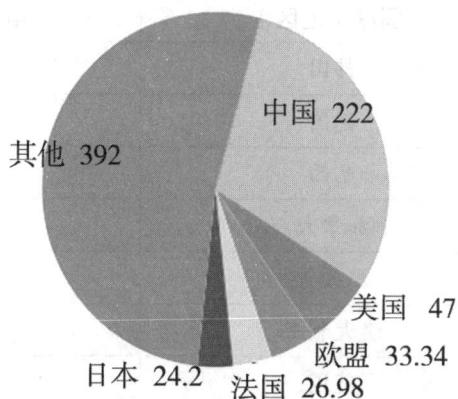

数据来源：WIPO《知识产权指标》（2015 年）

2014 年全球商标申请量前 5 名的国家（地区）（单位：万件）

从区域来看也是如此，亚洲对全球经济贡献最大，其商标申请量也是最大。虽然排名前 20 的国家（地区）有 9 个在欧洲，6 个在亚洲，但是亚洲的商标申请已占世界份额的 51.8%，其次是欧洲（26.6%）、拉丁美洲和加勒比地区（8.4%）以及北美（8.3%）。

2014 年商标申请量排名前 20 的国家（地区）

排名	国家（地区）	申请量（类）
1	中国	2222680
2	美国	471228
3	欧盟	333443
4	法国	269837
5	日本	242073
6	俄罗斯	241542
7	印度	233653
8	土耳其	233056

排名	国家（地区）	申请量（类）
9	韩国	208921
10	德国	202886
11	巴西	157016
12	加拿大	146211
13	墨西哥	121683
14	澳大利亚	118353
15	英国	110838
16	意大利	90599
17	瑞士	82489
18	西班牙	76256
19	中国香港	76052
20	比荷卢	67456

数据来源：WIPO《知识产权指标》（2015年）

中国和美国作为全球经济体量最大的国家，自21世纪初，中国和美国就占据了全球商标申请量的前两位。自20世纪90年代起，中国的商标申请量猛增，2001年超过美国，自此一直位列世界第一。2004年，中国的申请量是美国的两倍，2014年则为美国的四倍。

（二）有效商标数量和年龄与市场发展状况

有效商标是分析市场主体发展状况和发展水平的重要指数之一。2014年，全球124个国家共有约3310万件有效商标，比2013年上涨了13%。中国再次占据2014年有效商标的榜首，达到840万件，比2013年增长了15.9%。美国和日本数量均为180万件左右，印度有99万件，排名也靠前。随后是德国，第六名和第七名分别是墨西哥（92万件）和韩国（88.8万件）。与中国一样，阿根廷、南非和土耳其都实现了两位数增长。

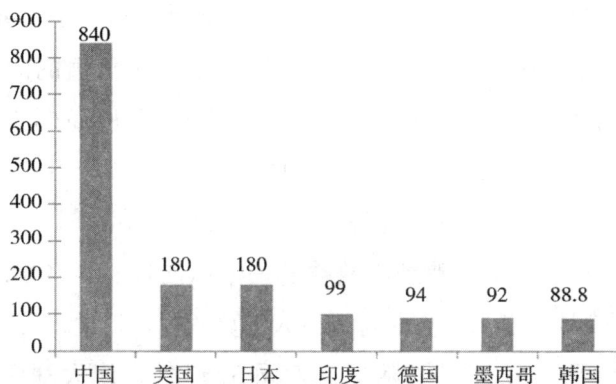

数据来源：WIPO《知识产权指数》（2015 年）

2014 年有效商标量排名前 7 位的国家（单位：万件）

有效商标的数量和平均年龄，能反映市场所处的生命周期和发展趋势。分析报告显示，商标平均存活年龄最高的为丹麦和爱尔兰，分别为 15.7 年和 15 年。英国为 10 年，美国为 8.5 年，欧盟为 6.8 年。数据显示，在发展较为成熟的市场中，有效商标的存续时间通常较长；而在新兴市场中，有效商标多数处于第一个 10 年的保护周期（注：目前尚未有有效数据分析中国商标年龄）。

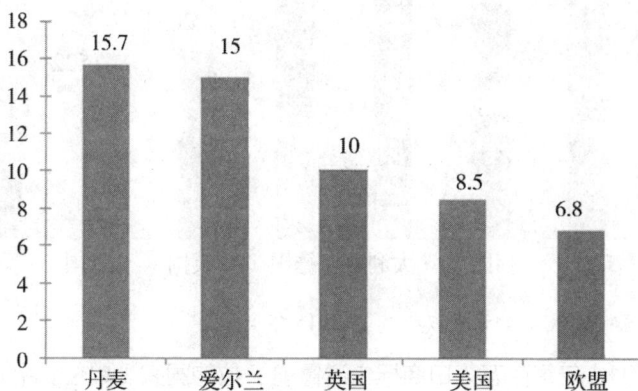

数据来源：WIPO《知识产权指数》（2015 年）

2014 年商标存活年龄前 5 位的国家（单位：年）

2014 年，65 个国家的 1100 万件商标是初次注册。在 1981 年注册的商标中有 18% 在 2014 年仍然有效，这反映出商标价值的耐性。2004 年或之后注册的商标，占比超过了 50%。在 1100 万件商标中有一半是在 2008 年之后注册的。

（三）商标单位人口数与经济效益

商标单位人口数是反映经济效益的一个风向标。经济发展水平越高，单位人口商标申请量越高。按照每百万人计算商标申请量，我国是 1522 件；排名最高的是瑞士 4221 件，随后是韩国 3257 件，澳大利亚和德国各约 3000 件，英国是 2051 件，美国是 1133 件。如果横向与其他国家比较，中国的排名较为靠后，不过与我国历史水平相比，每百万人商标申请量比 2004 年增长 274%，这显示出随着经济发展水平的提高，我国的社会商标意识也在不断提高。

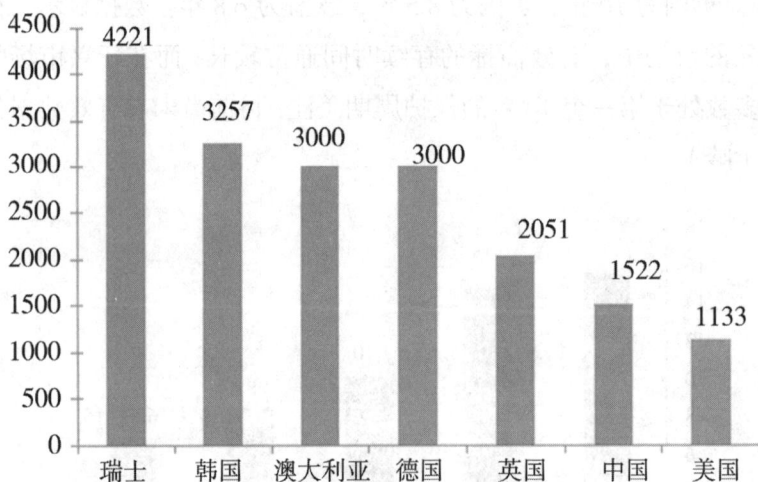

数据来源：WIPO《知识产权指数》（2015 年）

2014 年每百万人口商标申请量前 7 位的国家（单位：件）

（四）千亿美元 GDP 商标申请量与经济效益

从每千亿美元 GDP 的商标申请量来看，中国是 12071 件，韩国是

9685 件，美国是 2175 件。也就是说每千亿美元 GDP，在美国是由 2175 件商标创造出来，而在中国则是由 12071 件商标创造出来的。这说明，美国平均每件商标产生的实际经济效益较高，而我国商标数量虽多，但是存在"商标泡沫"现象，商标产生经济效益的能力有待提高，有很大的挖掘潜力。

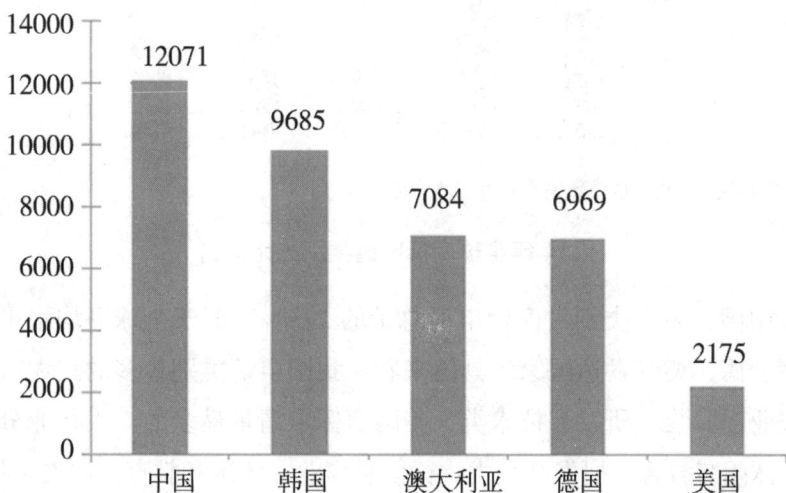

数据来源：WIPO《知识产权指数》（2015 年）

2014 年主要国家的每千亿美元商标申请量（单位：件）

（五）商标申请类别与经济结构

商标申请的类别分布显示经济结构和产业分布，是判断各行业的产能分布情况、市场活跃情况和行业未来发展趋势的重要指标。

从 2014 年全球商标申请来看，服务类别上的商标申请量占所有类别申请量的 35.4%。自 2004 年以来，尼斯分类第 35 类服务（主要是广告、商业经营、商业管理、办公事务等）一直是商标申请指定最多的类别，2014 年该类别的商标申请量占了 9.8%。位列第二和第三的类别分别是第 9 类（科技、声学、计量设备、录音设备、电脑和软件）和第 25 类（衣服、运动鞋、头盔），各占 6.8%。

（%）

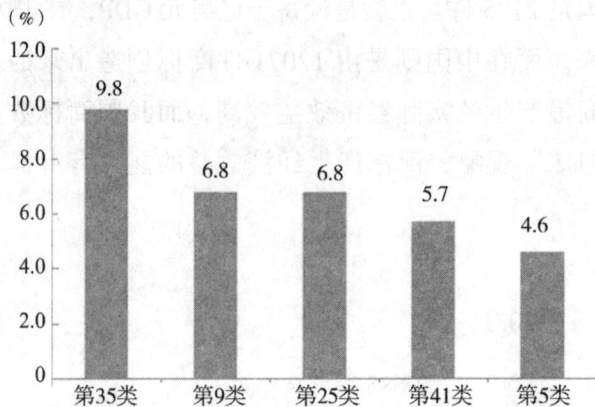

数据来源：WIPO《知识产权指数》（2015 年）

2014 年全球商标申请类别占比排名

在中国，服务类别占商标申请总量的 27.9%，低于全球平均水平，更低于美、德、英等发达国家。具体来看，我国申请类别最多的三大行业分别是农业、服装、研发和技术类，美国商标申请量最多的三大行业分别是健康、休闲与教育、研发和技术，德国是商业、休闲和教育、研发和技术，日本是农业、休闲与教育、研发和技术。

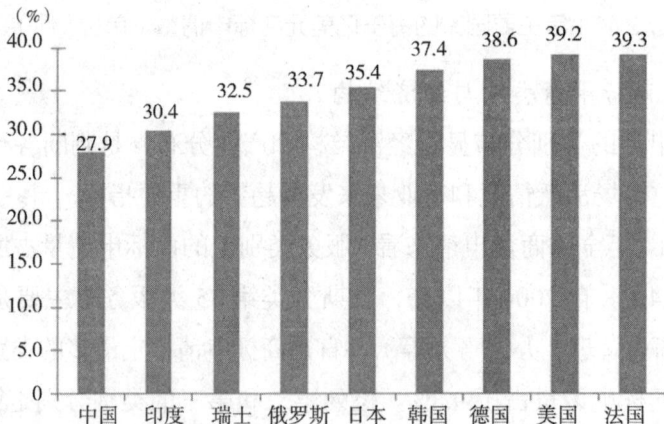

（%）

数据来源：WIPO《知识产权指数》（2015 年）

2014 年主要国家商标申请服务类别占比

经过 30 多年的高速增长，我国经济步入新常态，传统经济增长模式难以为继，已经到了转型发展、创新驱动的关键时期。十三五规划把"转方式、调结构、增效益"放到更加突出的重要位置，要求深入实施创新驱动发展战略，提高服务业在国民经济中的比重，变"中国制造"为"中国智造"，促进新兴产业，尤其是互联网相关服务行业的发展，重塑竞争新优势。

（六）国际商标数与品牌竞争

申请人境外申请商标数一定程度上反映了申请人投资境外市场的意愿和能力。经济发展水平越高，企业寻求国外商标保护的意识就越强，企业拓展海外市场的能力就越强。

我国商标申请量虽然位居世界第一，但仅有 4% 赴国外寻求商标保护，96% 的中国申请人是在中国国内寻求注册，去海外注册商标申请大大低于在国内的申请。巴西、印度和菲律宾与我国类似，阿根廷、印度尼西亚和南非也只有不到 10% 的商标会"走出去"，申请海外注册。

而与此形成强烈对比的是，瑞士的商标申请中 75% 是国际商标，其他国际商标占比较高的国家还有美国（45%）、意大利（38%）、英国（38%）和德国（36%）。

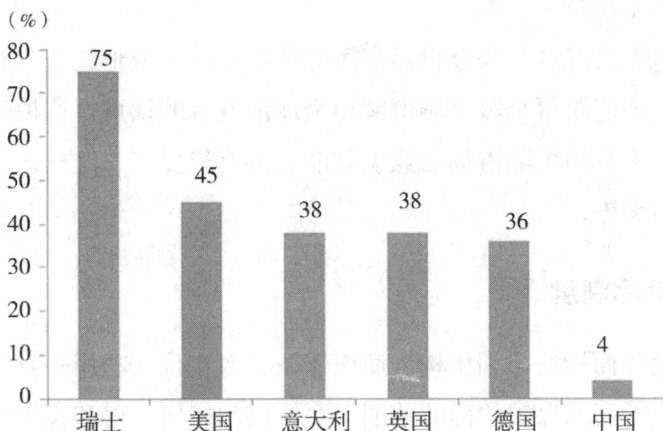

数据来源：世界知识产权组织网

2014 年主要国家海外商标申请占比

此外，马德里体系也是各国商标国际化和品牌竞争的一个反映指标。以 2014 年为例，总体上看马德里的使用率有所提高，该体系的成员国不断增多，非洲知识产权组织（法语局）加入了马德里体系，该组织有 17 个成员国。此外，津巴布韦也加入了马德里体系。

2014 年，有将近 48000 件国际商标申请是通过马德里体系完成的，比 2013 年增长了 2.3%，一方面马德里体系成员国不断增多，同时国际申请量也呈上升趋势。大约 1/3 的增长来自两个国家，即德国和美国，它们是马德里商标申请的前两名，德国占了总量的 10%，美国占 22%。德国十多年来一直是马德里体系中申请量最大的国家。2014 年，德国的马德里指定数 46536 件，包括后续指定，美国 41738 件，法国 28919 件。这三国加起来占 2014 年所有指定数的 34%。

2014 年，中国成为唯一一个连续两年马德里指定数超过 20000 件的国家，欧盟上升两位，而俄罗斯则下降两位，成为 2014 年指定数排名第 4 的国家，指定数为 16573 件。印度、墨西哥和新西兰成为马德里体系里近年来指定较多的国家。2014 年，85% 的马德里成员国超过一半的国际商标申请是通过马德里体系申请的，有些成员国甚至通过该体系申请的商标量超过了 3/4。

品牌竞争已经成为当今世界市场经济竞争的主要形式。只有拥有世界知名品牌，才能获得全球市场份额和全球消费者的认可，这说明我国的自主品牌走出去开拓国际市场的意识和能力都有待提高，这样才能尽快形成国际竞争新优势。

二、商标制度

如何设计商标法律和机构，使该体系有效实现其功用一直是国际关注的热点，包括商标保护的标的范围、商标权利如何获得和丧失，以及哪些行为构成侵权。尤其是互联网经济下，对商标的注册与保护提出新的问题，以实现利益平衡。

（一）商标注册程序设计的平衡

商标注册是确保取得专用权最重要的工具。目前国际上出现的商标注册的"拥堵"问题引起广泛讨论，值得关注。在最近几十年商标申请量快速大幅增长的情况下，如何在商标注册的过程中，既要确保透明性和法律确定性，还要平衡权利持有人和第三方利益，是国际社会普遍关注的问题。有观点认为，商标局需要推动商标体系的使用，尤其是针对较小型、资源比较有限的申请人，而不是使商标拥堵给市场带来负面影响。

商标注册程序的平衡主要体现在两个方面，第一个方面是在什么程度上商标申请的注册应当以申请人实际使用相应商标为条件，尤其是在市场上销售带有该商标的产品。一些国家不要求商标必须使用，另一些主管局，如欧洲联盟的内部市场协调局（OHIM）要求这种使用，但并不要求申请人在注册阶段就提供使用证据。还有一些主管局则更为严格，要求申请人在商标注册以前提供使用证据。例如，在美国专利商标局（USPTO），申请人可以提交"基于使用意愿"的申请，但需要承诺三年以内使用该商标，只有如此美国USPTO才会真正注册该申请。有意思的是，在USPTO提交的一半以上基于使用意愿的申请最终未能获得注册。

第二个方面，主管局对于新申请是否与他人在先商标构成冲突（尤其是它们的共存是否有可能在市场上导致混淆）的审查到什么程度。也就是采取相对理由审查还是绝对理由审查。包括我国在内的大多数国家采取的是相对理由审查。而在欧盟，包括丹麦、意大利等国家，在商标审查中仅对绝对理由进行审查，而不对在先权利进行审查。如根据意大利商标法律规定，在商标注册申请的审查中几种不能获得注册的情形均为绝对理由，主要包括：使用他人的肖像、姓名及其他知名标识的；缺乏显著特征的（类似我国商标法第十一条）；在政治等方面具有不良影响的；和原产地相关的，不符合原产地条件，具备描述性特点等。

当然，虽然欧盟各国在商标审查中不进行在先权利的审查，但仍可以进行在先权利的检索，并向社会提供有偿服务。如丹麦专利商标局向社会

和申请人提供在先权利检索的有偿服务，其不但对在先已注册的商标进行检索，还对在先的版权、肖像权等其他在先权利进行检索，以确保商标申请人能够注册成功。

反对"相对理由"审查的观点认为，该审查需要大量资源，新申请的商标可能只有一小部分与在先商标产生冲突，而这种情况可以通过异议程序解决。赞成进行相对理由审查的观点则认为，不是所有的商标所有人，尤其是小型企业，都有能力进行监控，并在必要时对与其商标冲突的新申请提出异议。虽然不如关于使用要求的证据那般有力，但各项研究仍然认为相对理由审查非常重要：有力的相对理由审查意味着较少的注册和较少的异议案件。

（二）驰名商标的保护范围

对驰名商标的保护在《巴黎公约》里已有明确约定，已注册驰名商标受到跨类保护，未注册驰名商标受到同类保护，TRIPS 也是这样规定。但是近几年来在国际场合，对未注册驰名商标提供跨类保护颇受关注，这主要是因为越来越多的本土品牌寻求国际保护，而在进入他国市场并进行商标注册前，其在本土市场或者国际市场已有一定知名度，希望能获得商标专用权的跨类保护。

这也催生和促进了驰名商标保护的国际合作，这是一个长期以来存在的难题。不论同类保护还是跨类保护的标准大家有很多争论，对如何判定驰名很难达成一致。各国商标局和法院通过一系列因素来判断某个特定商标在其国内是否驰名，其中一个因素也可以是某商标在国外的驰名程度。对商标的认可可以很容易借助旅行消费者、电视、互联网和其他媒体跨越国界。因此，国际合作能在相关当局评估某商标的国际知名度时为其提供信息，至少可以提供某商标在哪里获得了注册以及注册了多长时间。一种更强的合作方式可以是建立交换驰名商标信息的框架。世界知识产权组织正在打造的品牌库就是促进该领域国际合作的一种积极尝试。

（三）地理标志的保护

地理标志越来越成为世界知识产权界关注的热点和争论的焦点。因为地理标志与可持续发展密切相关。地理标志和普通产品的区别在于，地理标志要求产品质量或特征完全或主要归因于产地自然和人文因素。地理标志在某种程度上是"绿色""高品质"的代名词。保护地理标志，不仅有利于保护自然生态环境、促进可持续发展，而且有助于传承历史文化传统，维护文化多样性。

关于地理标志的讨论主要集中在世界知识产权组织和世界贸易组织。其中以世界知识产权组织的《原产地名称保护及国际注册里斯本协定》（下称《里斯本协定》）最具代表性。针对该协定，美国和欧盟形成了两大利益相对的集团，斗争较为激烈，主要是围绕地理标志的立法体系、保护范围和保护水平三大问题。这也是地理标志领域在国际社会的主要关注。

《里斯本协定》于 1958 年 10 月 31 日签订、1967 年 7 月 14 日于斯德哥尔摩修订、并于 1979 年 9 月 28 日修正。2015 年 5 月 20 日举行的里斯本协定新文本外交会议通过了《原产地名称和地理标志里斯本协定日内瓦文本》。该协定目前有法国、葡萄牙、意大利、格鲁吉亚等 28 个缔约方，另外还有美国、加拿大、日本、澳大利亚、中国等 26 个国家作为观察员。《里斯本协定》建立了一个地理标志的国际注册体系，地理标志只要在这个体系中获得注册，即可在所有缔约国获得保护，目前已有地理标志国际注册 900 件。

目前地理标志的注册与保护有三种模式：

1. 欧盟对地理标志采取的是专门体制，即专门立法，保护水平较高，不仅在商标领域，还扩大到名称字号、包装装潢等相关知识产权领域，而且欧盟的原产地名称的保护客体比较严格，门槛较高。

实际上欧盟地理标志保护是作为欧盟农业政策的一部分，其目的不仅仅是创立一个与交易相关的标识，便于消费者识别购买到品质有保障的特色产品，更为重要的是将地理标志作为一种战略工具，来达到就产品来源地的范围进行环境保护、经济发展和文化保存的目的。

众所周知，欧盟有着非常丰富的地理标志资源，在长期的农业生产过程中形成了许多富有地方特色的农产品、食品和其他产品，这些具有地方特色的产品在欧洲乃至全球都享有盛誉，如意大利帕尔马火腿、法国香槟酒等。为了保护这些产品的特殊品质和盛誉，欧洲国家都非常重视特色产品的地理标志保护，也为地理标志的协调保护制定了许多指令和条例，其地理标志的保护制度相对完善，欧盟层面依据法律规范已经确定给予保护的地理标志达到3300多种。

欧盟对地理标志采取单独模式，给予高水平保护为欧盟带来了巨大的利益。一是有利于提升产品附加值，提高农民的收入，留存农村人口，从而为农村经济发展带来极大的益处；二是满足了消费者对产品质量和多样性的需求；三是地理标志农产品贸易额逐年增加。其目前出口额占全部农产品出口额的15%。

由于地理标志对于欧盟意义特别重大，欧盟十分重视地理标志的保护，不仅在全球主要市场大力推广来自欧洲的地理标志产品，而且在其他国家积极推介欧盟的地理标志保护模式。2007年，法国和联合国粮农组织一起发动了一个"质量与原产地项目"，其目标就是帮助成员国推动质量与产地密切相关体系的建立，并提供政策支持。

2. 美国、澳大利亚，以及中国等国采取的是商标体系保护地理标志。比如在美国通过其商标制度来保护地理标志，美方的地理标志具有地理描述性的商标和地理标志两重含义。第一重含义略同于我国含有地名的商标，但并不以行政区划及其级别为限制，而是着重于审查商标所包含的地理性描述是否足以误导消费者的认知；第二重含义则与我国的地理标志概念几近重合，通过注册为集体商标或者证明商标的形式对地理标志予以保护。

在美国，申请地理标志证明商标需要提供申请人名称、商标图样、商品分类、认证声明、使用样本、认证标准、他人使用日期声明、申请人实施合法控制声明等材料。与我国不同的是，美方不需要政府出具的授权和地域范围证明，对于外国申请人或者企业，也无须提供该地理标志以其名义在其原属国受法律保护的证明。在美国地理标志证明商标被驳回的通常理由有：（1）相对理由（混淆可能性）；（2）申请人没有实施合法控制；（3）商品的通用名称；（4）认证声明不精确、不清晰；（5）缺少认证标准。

3. 还有若干国家采取的是反不正当竞争法来保护地理标志。《里斯本协定》发起于欧盟国家，所以该协定对地理标志（包含原产地名称）的保护采用较为严格的专门体制保护模式，实际上将那些以商标体系以及反不正当竞争法保护原产地名称的国家排除在外。随着全球贸易的发展，两大体系的斗争日趋激烈，以2015年的里斯本协定外交会议最为明显。目前以欧盟为首的集团和以美国为首的集团都认为，里斯本体系应当以兼顾各方利益的方式建立地理标志保护体系，采用更为包容、平衡的做法，对不同地理标志保护模式开放，否则不可能吸纳更多成员参加。有关问题势必还将持续争论相当长的一段时间。

（四）非传统商标的审查

"商标"申请的范围是各国比较关注的重点，有的采取正面清单，详细列出哪些可以注册为商标；有的采取负面清单，只列出哪些绝对不能注册为商标，其余则都可以申请为商标。比如，根据智利和美国的商标法，任何文字、名称、符号、图案或其任何组合都可以成为商标的类型。因此，在这些国家，除了文字商标、图形商标、包含文字与图形的复合商标等传统商标外，还包括立体商标、颜色商标、声音商标、气味商标和动作商标等非传统商标。

对于非传统商标的审查，功能性和显著性审查是主要考量。在美国，商标审查员对于功能性判定负有举证义务。但是，为了平衡申请人通常更容易获得相关技术信息的优势，又要求如果商标可能是功能性的，申请人应配合审查员的要求提供必要的信息，以便审查员就申请商标的可注册性作出明智的认定。如果申请人拒不提供或提供虚假资料，则会构成另一项

驳回理由。商标审查员在确定功能性时一般需考虑四个因素：（1）是否是实用新型专利（实用新型专利是证明功能性的有力证据）？（2）申请人是否进行了基于实用优势的广告宣传？（3）是否有替代设计（一般来说，如果有替代设计，意味着该特点对于相关商品来说不具有功能性）？（4）是否有简单的制造方法？如果被认定是功能性的，则该标志不能注册。

关于显著性审查，即对于产品外观形式的立体商标、颜色商标、气味商标等被认为不具备固有显著性，证明其获得显著性的责任在申请人，申请人可提供任何相关数据，来证明其商标已获得了显著性；对于产品包装形式的立体商标、声音商标则被认为可能具有固有显著性，但如审查员认为其不具备固有显著性，申请人仍需证明其已获得显著性。

日本目前已公告的共有453件声音商标。在此类新型商标的审查上，制定并规范了声音要素编码，划分了"歌声、动物声、自然声音等"类别，每个类别下设子类别。

（五）商标异议和评审案件的审理

对于商标的驳回复审、异议、无效等商标确权案件大多由准司法机构处理，如美国专利商标局下设商标审理与申诉委员会（TTAB）。其法律地位、基本职能、案件管辖范围与我国商标评审委员会基本一致，具有准司法性质，其裁定或决定接受美国联邦上诉法院的司法审查。由于美国社会诚信体制较为发达，证据造假的现象比较少见，证据造假的法律后果比较严重，美国商标审理与上诉委员会在案件审理中主要侧重于对证据的证明作用进行审查。

在涉及商标的注册和使用是否会对公共利益造成损害的绝对理由案件中，美国商标审理与上诉委员会的审查官会主动检索可用的证据，并将证据作为附件添加于裁定书或决定书中。审查官可以通过他们的计算机自动化审理系统自带的各个数据库进行证据检索，也可以直接通过互联网进行证据检索，并截屏保存为附件。这比很多国家无法通过计算机自动化系统提供数据支持，互联网上检索到的证据无法直接作为定案依据更为便利。

（六）商标质量控制

许多国家很重视商标的质量控制。比如，美国在 1988 年就成立了独立的商标质量评审办公室，2002 年创建了商标质量评审与培训办公室。组建商标质量评审与培训办公室的目的在于改善质量，而不仅仅是衡量质量。其主要职责包括：质量评审（对审查律师的工作进行评审和策划对其他服务单位工作的评审）、培训与特殊项目（审查律师培训、其他培训及政策声明）。

商标质量评审与培训办公室目前主要通过 3 个阶段对审查律师工作进行评审：首次审查决定书、最终审查决定书、公布或注册批准。评审的内容包括对初次和最终审查决定书中所做的实质性和程序性决定是否适当，是否存在任何无根据的拒绝或要求、是否存在任何疏漏或要求。评审的标准则由 2003 年前的"明显错误"标准（最低质量标准）提高至更高标准，即审查律师的评审是否合理。评审结果通过书面的方式发给审查员及其主管。2015 财政年度，美国专利商标局商标首次审查决定书质量绩效指标为 96.7% 合规，最终合规指标为 97.6%。

美国专利商标局在界定质量目标时不仅仅是衡量质量，更在于改善质量。因此，与之相匹配的是其在对审查员进行培训时不仅仅是训练员工去干工作，避免错误达到最低的质量标准，而是不断提升员工素质，训练员工去干高质量的工作。美国专利商标局通过制定公平的质量标准并将其予以公开，使每个人都知晓质量标准和需要做些什么来达到标准；通过在各部门中建立合作文化，特别是在完成工作的部门和衡量工作质量的部门之间，避免对抗性关系；通过建立一个与最终决定没有利害关系的公正团队，负责解决与质量有关的各种分歧等方式，达到质量目标。

值得一提的是，美国审查员独立行使广泛的权力，这在一定程度上有利于审查员探求实体公正，而不致把一些本可解决的问题推向下一法律程序。但是，此项权力的良好行使有赖于审查员的职业道德和业务水平。美方通过以律师充任审查员来强化其对于职业声誉的重视；通过数周的短期培训与为期两年的导师长期指导相结合的方式培养审查员的业务水平；通

过加重审查员的举证与沟通等义务来制约权力的滥用，通过绩效管理来督促审查员行使权力的效率。我们可以以此为鉴，通过制定规范、透明的权力运作程序和有力的绩效管理措施，制约和激励审查员良好而高效地独立行使权力。

日本也非常重视质量控制，开展了专业的审查官培养。日本特许厅（JPO）共有 7 个审查部门，137 名正式审查员，一名合格审查员需要经过国家公务员考试、培训实习等环节，从见习审查员到审查员的培养周期为 4 年。审查工作采用审查、签文两个环节，审查部的部门管理人员签发其他审查部的审查件，然后进入抽检环节。抽检率大约为 2%。抽检结果并不作为绩效考核或奖惩依据，而是由五名有经验的审查员进行专项分析，通过错误种类进行审查质量评估、审查标准修订等，作为提出优化完善举措或建议的依据。日本通过注册申请、审查环节的严格控制，有效减少了后续业务的申请量。异议、驳回复审申请量所占申请量的比重较低：异议发生率为 0.4%；注册驳回率为 13%，驳回商标复审发生率为 6%。

（七）图形商标的审查

图形商标审查是各国审查的难点，提高图形商标审查的效率是各国关注的重点。与我国一样，美国没有加入《商标图形要素国际分类维也纳协定》，而是基于灵活性的考虑，在维也纳分类的基础上，根据本国国情，建立了自己的图形要素分类体系并定期进行更新。目前，美国专利商标局也同样面临一个图形要素编码对应大量图形，审查员审查压力巨大的困难。为了提高审查效率，美国专利商标局一方面在 2007 年组织若干人结合新的图形编码对商标图形库进行了更新，另一方面积极关注欧盟、日本图像检索自动化系统的开发进度，以及澳大利亚的图像检索自动化系统使用情况，寻找可替代的图形检索工具。但就目前而言，美国的图形商标检索仍然离不开图形要素分类。此外，美国还定期对其数据库进行清理，以提高审查效率。

日本商标总量为 180 万个，图形商标数量占商标总量的 27%（我国占

40%以上）。每个商标平均划分 13 个图形要素，一般情况下每个商标查询出的近似图形平均有 2000 个左右，日本特许情报机构（JAPIO）的预审查员在检索结果中提出最近似的 10 个图形形成检索报告，供日本特许厅审查员编辑驳回通知时引用。预审查一件图形商标约用时 40 分钟。

日本的图形审查主要依照通用的维也纳图形要素编码，在此基础上进行了细化，如：

2 人类，2.5 儿童，2.5.24 几个儿童，细化为：

2.5.24.01 两个儿童

2.5.24.02 三个儿童

2.5.24.04 四个以上的儿童

5 植物，5.7 谷物种子果实，5.7.1 谷物种子，细化为：

5.7.1.01 米

5.7.1.04 豆

29 颜色，29.1 颜色，29.1.8 黑色，细化为：

29.1.8.01 黑色（文字）

29.1.8.02 黑色（图形）

日本的图形要素编码在维也纳图形要素编码基础上共衍生出 449 个四级子类，分布在维也纳标准编码的 29 个大类，细化的图形要素数量约占图形要素总量的 20%。

针对一个有 18 个图形要素的商标，预审查员可根据商标的特点及各要素的重要性，通过几个检索公式查询类似商标。如公式 A：1×2+3；公式 B：A+1×4+1×5；公式 C：B+4×5+10+18；公式 D：C+19×13。查询结果根据公式的优先顺序显示，即最终结果将按照相似度依次排列。

（八）商标信息技术

信息化是世界知识产权组织以及很多国家提高商标注册便利化的手段之一。比如，美国专利商标局利用信息技术，通过积极研发电子系统、提高商标信息透明度、开放商标审查程序手册等方式为申请人提供便捷、透

明的服务。

世界知识产权组织建设了一个商标数据库 ROMAN，提供便捷的数据库查询。另外还开发了马德里注册电子小助手，申请人可以登录网站，通过这个小助手得到马德里商标申请注册的指导、注册所需费用的计算等在线帮助，并提供在线对话帮助。

美国专利商标局目前正在开发商标下一代系统（TMNG）。TMNG 基于最新技术和网络应用框架，并利用了标准的开放源码和 COTS 产品。美国专利商标局希望通过一个网络，外部和内部两个组成部分同时为商标申请人和商标审查员服务，外部客户（申请人）可以通过 TMNG 搜索美国专利商标局网络、提出自己的申请、确认系统中有无其他申请，内部客户（审查员）则可以通过 TMNG 进行审查，从而使美国专利商标局有能力大大减少当前系统的复杂性。

TMNG 将提供 9 种核心业务能力：（1）案卷管理——对案卷进行控制、处理、组织和优先顺序排列；（2）商标路径选择——通过官方渠道为申请人提供路径指引；（3）案卷管理——控制与商标申请、注册相关所有信息沟通的准确性、可用性、匹配、创建、维持和描述；（4）时间管理——对案卷最终期限进行控制、处理、优先顺序排列和设定；（5）绩效监控——对员工当前的实质性和程序性工作进行评审、评估、介绍和发送；（6）商标分析——收集信息、分析调查结果、预测未来工作量、满足政府报告要求；（7）商标报告——准备、记录、传播所有与商标相关的适当的数据；（8）商标通知——创建电子格式的信息并发送给相关当事人；（9）缺陷识别——向申请人和注册人发送有关商标或申请中所存在缺陷的信息。

（九）商标与商号的混淆

商标与商号的关系是国际社会持续关注的一个热点问题，但也是一个很难解决的棘手问题。商标和商号都是知识产权的组成部分，但不同的管理体制是容易造成商标与商号混淆的原因之一。

比如在美国，商号（公司名）由商业登记的申请人向各州的州务处

（Secretariat of State）登记备案，但是大多数的商号申请人并不知晓与商业名称登记相关的权利的范围。将商号的登记注册误认为授予了业主使用该商号的独占权利可能造成与此前已经申请注册或已经使用的商标所有人的严重且代价高昂的冲突。与处理商标申请不同，商号的登记注册仅仅经过非常有限的审查，因为州务处一般皆在公司登记簿中就相同或相似的商号进行审核，而不对该商号是否与美国专利商标局数据库中已登记的在先权利相冲突进行审查，也不在州商标登记簿中进行审查，更谈不上对市场上已经使用的商标进行查询。所以各国都在为此寻找可行的解决方案。

三、恶意抢注与商标海外维权

商标恶意申请是困扰国际商标界的一大难题，也是各国很关注的问题。商标五方（TM5）下设恶意项目，由日本特许厅牵头。项目内容包括整理"恶意商标申请案例汇编"，将案例上传至五方会谈网站等。2014年，日本牵头在商标五方网站上发布了《商标五方会谈各局防止商标恶意申请的法律和审查标准/实践》。五方合作定期修改报告，并更新有关法律和法规的信息。

在美国，对"恶意"没有统一的法律定义，但是法院一般认为恶意是指被指控的一方试图使消费者发生混淆，以为被告的产品是由原告所开发或赞助的，或与之有关联，从而利用商标所有人的商誉。美方一方面积极努力发挥主观能动性，在法定范围内尽可能行使自由裁量权，对恶意注册进行了有效的打击；另一方面也存在着对某些钻法律空子恶意注册商标的行为缺乏有效规制手段的情况。中美两国商标确权机构在应对恶意注册，落实诚实信用原则的问题上都面临着挑战，都在不断地实践、探索。

实际上，近年来中国产品声誉提高，驰名商标、著名商标和原产地保护产品名称是海外抢注的热门。格力电器公司的"格力"商标在巴西被抢注。新科、康佳和德赛3个商标在俄罗斯遭到一家公司的抢注。"英雄"在

日本被抢注,"大宝"在美国、英国、荷兰、比利时被抢注,"红星"二锅头在欧盟被抢注。据不完全统计,目前国内有 15% 的知名商标在国外被抢注。而自 20 世纪 80 年代以来,中国出口商品商标被抢注的有 2000 多起,造成每年约 10 亿元无形资产流失。

别人抢注中国品牌的目的无非两种:一是借此牟利;二是海外同行企业通过抢注商标制造知识产权纠纷,向我国企业设置贸易壁垒。2000 年,青岛海信集团商标在德国被抢注,前后历时近 6 年,最终以 50 万欧元的代价将商标购回。而注册一件商标的费用,在美国、日本、欧盟等发达国家一般为 2000 美元,东南亚等国家一般在 1000 美元左右。注册成本和转让价格之间的巨大差额,使得更多的人加入了抢注中国知名企业商标的行列中,甚至出现了产业化的趋势。加拿大多伦多甚至有一个叫作"中华老字号抢注公司"的网站。这家公司的页面中整齐地排列着数百家中华老字号商标,在网上公然大批量买卖中华老字号。可见加强恶意申请领域的国际借鉴和合作非常有必要。

第四节　品牌价值

因为企业在建设强有力形象和声誉方面投入可观,所以品牌价值的估算日益受到重视。但是品牌价值的计算尚无统一的标准。企业自身也在积极探索。目前对品牌价值研究比较集中的是三大传媒集团发布的品牌价值排行榜,提供了国际上较有代表性的品牌数据。这三个最著名的品牌价值排行榜分别是 BrandZ、Brand Finance 和 Interbrand。在品牌价值领域,主要国际关注有:

一、品牌价值的计算方法

品牌价值的计算方法主要有三种。第一种是产品市场行情法,旨在确定一种品牌产生的价格溢价，即企业从其品牌名称中获得的收益流的隐性价值。这是客户愿意为一种等价的品牌产品，而不是非品牌产品支付的附加价格。但是如果一些品牌关系到一个有很多产品的企业，该方法实施起来有一定困难。

第二种方法是金融市场法，这是基于一种品牌以正常交易时的假定品牌价格来计算品牌价值。它往往是根据品牌持有者的收入，但也利用许可费和使用费的现金流计算价值。这些金融数据能间接地估计品牌对顾客的影响力。

第三种方法是顾客理念法，重点关注客户对一种品牌的态度，根据客户调查、访谈和民意测验进行定性和定量的研究。这是 BrandZ 所坚持的，其实行成本最高。要选取具有充分代表性的样例进行研究。对前 100 强、500 强品牌，要计算全球估值，按照不同民族人民的认知，把品牌价值准确地聚合为一个单独量化的价值指标，这的确是一项挑战。

实际上现存的排名使用了上述三种方法的混合法，所有三个指标具有很强的金融维度，通过聚焦企业数据和预测，所有排行都依赖标准化的方法去估算以品牌价值为基础的企业在当前和未来业绩。一般，这一过程的第一步是计算品牌与企业盈利的相关性，第二步是使用所谓的收入法计算从品牌潜在的未来盈利中贴现未来现金流量。这些计算是根据年度报告数据和未来利润预测的。

当然，测算还有一个困难在于很难将盈利专门与品牌的价值相结合，因为收入不单是由品牌因素驱动的。如前所说，BrandZ 是唯一通过访谈和市场调研直接调查消费者排名的。而 Brand Finance 和 Interbrand 则用来自全世界的专家代替了直接接触消费者。行为特征很重要，但也是最难衡量的。总之，对品牌价值的计算正在不断完善中。

二、品牌价值与商标国际化

三大品牌排行榜之一的 Interbrand 在计算品牌价值时非常注重商标的

国际化。其评价标准之一是要求"必须有 1/3 的利润来自海外市场",像工商银行等在"财富 500 强"中排名十分靠前的中国企业,由于其业务利润大部分产生于本土,因此无缘 Interbrand 全球最佳品牌榜。

阿里、百度、腾讯、京东等品牌纷纷落选排行榜,原因也是国际化不够,大多是拷贝美国已经出现的一些模式,不论企业有多大,在国际化方面发展都比较困难。

在 2016 年 BrandZ 全球最具品牌价值排行榜上,美国仍是最具价值品牌大国,2016 年该国 10 强品牌的品牌价值增长 10%,至 1.3 万亿美元。

但 BrandZ 对此不完全认同,BrandZ 认为全球很多国家的消费者倾向于购买国产货,这帮助推升了本土品牌的品牌价值。BrandZ 表示,这些品牌靠近国内市场,有助于从全球品牌手中夺取市场份额,同时还在新地区赢得市场份额。

三、品牌价值与行业分析

纵观三大排行榜,上榜企业最多的是科技行业、汽车行业和信息技术行业,其主要特点是与人们日常生活密切相关,受行业政策的影响较小。尤其在当今信息高度碎片化的世界中,这更是品牌取得成功的要素。

Interbrand 全球首席执行官杰斯·弗兰普顿表示:"全球 100 最佳品牌都直观地与人们的生活重心保持一致,因此能够无缝融入人们的日常生活。"随着人们对即时、个性化和定制化体验的需求进一步增长,企业和品牌应该紧跟时代的潮流,更加关注与最终消费者的相关性。

所以,CCTV 等知名品牌并未上榜。因为中国石化处于封闭市场,品牌对购买决策的影响较小;CCTV 属国有媒体,并非是以营利为目的的企业组织。同样,地产行业由于运营表现受到宏观政策、拿地成本以及各种会计假设的影响颇大,而航空产业则受国际油价波动的影响大,因此均不包含在榜单中。

四、品牌价值与商标资本化

品牌市场的作用非常重要，但被低估。与专利类似，品牌使其越来越多地在国家和国际层面被许可使用、购买和出售。品牌促使企业进行多样化发展，使其除了核心战略资产以外，还拥有更多能力，不需要额外投资或获取额外技术或生产能力就能产生新收入。

根据目前的数据，娱乐和体育行业的商标许可数量最大。例如，将卡通人物或体育俱乐部许可用于生产玩具、食品、家装、衣服和鞋。其他排名靠前的商标许可包括服装、汽车以及消费电子行业。

特许经营是一个更大的市场，几乎在所有国家有很高的使用率。欧洲的特许经营品牌数量最多，而亚洲则拥有最多的特许经营机构。不过特许经营大多数是国内的，即品牌所有人和特许经营人同属一个国家。虽然跨境商标许可和特许经营交易有所增长，但与其他知识产权的交易相比，这些交易数量较少。大部分知识产权跨境交易的收入与软件、版权和工业过程有关。这种模式也存在于中等收入国家。例如，巴西是极少数拥有详细数据的国家之一，虽然随着时间的推移，商标许可和特许经营协议比重有所上升，但是该国大部分特许经营费仍与技术诀窍和技术援助服务相关。

此外，商标的品牌价值已经逐步显现，发挥了重要的激励作用。近年来，社会各界对商标品牌价值的认识逐步提高，商标品牌作为企业的无形资产，不仅代表着企业的信誉，也代表着品牌的经济价值，在企业的生产经营和资产运作中发挥着重要作用。

第五节　商标品牌与创新

金融危机后，世界经济进入深度调整、缓慢恢复时期，全球都更看重

创新的力量，从要素驱动、投资驱动转向创新驱动。习近平总书记强调，要全方位推进产品创新、品牌创新、产业组织创新、商业模式创新。

根据世界知识产权组织的研究，品牌创新是实施创新驱动发展战略的重要基础和必由之路。狭义的品牌创新，是指商标品牌的名称、图形以及产品包装装潢等形式上的创新，目的是增强品牌亲和力；广义的品牌创新，则包括产品创新、技术创新、商业模式创新等实质性创新，目的是提升品牌竞争力。美国的创新 60% 就是模式创新。

尤其是品牌消费渐成主流，品牌创新在实施创新驱动发展战略中具有先手棋、排头兵的作用。任何企业的产品创新和技术创新都是品牌创新的基础，因为产品创新、商业模式创新等，最终都要以自己独有的品牌进入市场参与竞争。根据联合国工业计划署调查，在所有产品品牌中，占比不足 3% 的知名品牌市场占有率达 40%。

因此，不断提升商标品牌在实施创新驱动发展中的地位和作用，把品牌创新融入实施创新驱动发展战略的全过程，能倒逼企业摆脱同质化竞争、价格竞争的传统老路，迈向品牌竞争的高级阶段，引领企业进行产品创新、产业组织创新和商业模式创新，从而带动企业全面创新，形成持续发展的重要支撑和持久动力。

第三章　竞争领域主要国际关注

近年来，中国经济发展的动力正在经历新旧转换的"衔接期"和"阵痛期"，为充分发挥市场在资源配置中的决定性作用，中国把竞争政策作为制定经济政策的基础，强化竞争政策基础性地位。完善公平竞争审查制度，将竞争政策作为催生经济发展的新动力。

2014年6月4日，国务院发布《关于促进市场公平竞争维护市场正常秩序的若干意见》（国发〔2014〕20号）。

2014年7月14日，李克强总理在经济形势座谈会上总结，中国经济平稳运行，下行压力仍然很大，但在压力中蕴藏着巨大的活力。他强调，政府必须要给企业松绑，要营造一个公平竞争的环境。政府要把该做的做起来，把该放的放掉，让市场充分竞争、公平竞争。

2015年10月12日，中共中央国务院发布《关于推进价格机制改革的若干意见》（中发〔2015〕28号），对于保护市场公平竞争提出了基本原则，强调逐步确立竞争政策的基础性地位。

2016年6月14日，国务院发布《关于在市场体系建设中建立公平竞争审查制度的意见》（国发〔2016〕34号），旨在破除不符合全国统一市场和公平竞争的地方保护、区域封锁、行业壁垒、企业垄断，以及违法给予优惠政策或减损市场主体利益的行为。

2015年10月26日，习近平总书记在中国共产党第十八届中央委员会第五次全体会议上指出：努力营造公开透明的法律政策环境、高效的行政

环境、平等竞争的市场环境，为更高层次开放提供法治保障。

2016年11月14日，李克强总理在经济发展和民生改善座谈会上强调：要通过全面深化改革开放撬动发展、增添活力……要维护公平竞争市场环境，降低制度性交易成本，更大程度激发市场活力和社会创造力。通过更高水平对外开放拓展发展空间。

目前在竞争领域，主要有一个松散型的国际组织较为活跃，即国际竞争网络（International Competition Network，ICN）。该组织每年召开一次年会，该组织下设若干个工作组，定期发布最佳实践指南，该指南在很多国家都被用于执法部门的执法依据或法院的判案依据。此外，经合组织在竞争领域较为活跃，其因定期召开竞争大会，以及为发展中国家开展能力培训而颇有声誉，其讨论的热点问题被全球各个国家所关注。新兴市场国家组成的金砖国家国际竞争大会也是国际上讨论竞争问题较有代表性的多边平台，每两年召开一次，并在该平台下设立了工作组，是第一个由新兴市场国家发起并占主导的国际竞争领域多边平台。同时，值得关注的是，竞争规则也是各国自贸区谈判的重点内容。竞争领域的主要国际关注有：

一、反垄断执法目标因经济发展水平而不同

在反垄断领域，对于相同的问题，处于不同发展阶段、奉行不同经济政策的国家往往会有不同的解决方式。如关于竞争执法的目标问题，来自欧美等成熟经济体的代表一再强调竞争对于保护创新的重要性，而非洲多国代表则一致表达了通过保护竞争来减少贫困、提高就业，甚至遏制艾滋病蔓延的愿望。

相比较而言，我国正处在经济转型的关键时期，在稳增长的同时要大力推进经济结构调整，加快转变经济发展方式。为此，竞争执法机构更关注大力查处与民生密切相关行业和领域的垄断行为，促进行业规范经营；依法制止滥用行政权力排除限制竞争行为，努力打破地区封锁和行业垄断，为全面深化改革、建设统一开放、竞争有序的市场体系清除市场壁垒，保障公平竞争。

二、新产业的崛起给反垄断法带来新挑战

随着信息技术的迅速发展，移动互联网、大数据、新媒体等一系列新兴产业的崛起给反垄断法带来了许多新的挑战，如"双边市场理论"的出现就使得相关市场的界定和竞争损害的评估变得更加困难，然而目前世界各国的反垄断法研究对这些问题都还没有形成非常成熟的理论，反垄断执法机构迫切需要相关理论的进一步发展来支持执法实践。

中国的信息产业和移动互联网领域发展很快。因为中国拥有庞大的市场潜力，这是中国长期向好的重要基础，也是培育、发展全球品牌的有利空间。近年来，许多网络技术带来的新产业、新模式在市场较小的地方，难以培育大企业、大产业。而中国许多互联网公司的兴起，一些新业态的快速发展，得益于中国的大市场优势，形成大市场、大产业、大公司的发展格局。因此，中国企业的蓬勃发展在一定程度上推动了国内反垄断法相关理论研究的发展，这使得中国反垄断法在这一领域有了"后发先至"的可能。

三、反垄断跨国执法更显重要

随着全球一体化的增强及多边自贸协议的签署，国际贸易壁垒在消除，国际企业之间的卡特尔行为也在增多。比如，日本公平交易委员会指出，其针对国际卡特尔及串通招投标行为开出了巨额罚单。各国执法机构有必要积极应对这种趋势。一是要增强透明度，特别是程序透明度；二是提升各司法辖区立法的协调性，如日本今年公布的知识产权反垄断指南就与欧盟及其他国家的指南保持了思路的一致性；三是加强竞争执法机构间的执法合作，包括执法协调、国际卡特尔的联合调查、信息交换等方面。另外，韩国公平交易委员会还为此制定了相关规定。

反垄断执法合作往往容易在经济发展相近的国家之间实现，如金砖国家集团。因为金砖国家都是主要的新兴市场国家，所处的发展阶段、发展

中面临的问题有很多相似之处，特别是在竞争这一高度国际化领域，相通之处更加明显，更需要加强沟通交流，互相支持合作。

四、亚洲国家反垄断执法的后发优势更加凸显

近年来，亚洲国家和地区在反垄断领域发展迅速，反垄断执法机构在查办反垄断案件方面取得了一系列成果，亚洲企业在知识产权与反垄断领域的成就也走在世界前列，其中，中国尤为令人瞩目。以华为、中兴为代表的一批中国高科技企业近年来积极参与国际标准必要专利的相关诉讼和国际标准组织的规则制定，成为国际反垄断领域的新兴力量。

另外，随着中国反垄断执法不断深入开展，中国反垄断执法机构的执法经验不断积累，在与世界各国反垄断机构交流的过程中，我们已经不再简单地学习欧美发达国家的反垄断执法经验，而是可以与其深入、充分地交流反垄断执法过程中出现的各种问题和挑战，并将自身的执法经验与其他反垄断机构分享，同时，中国作为全球最大的发展中国家，其反垄断政策和法律法规的制定也为全世界所高度关注，中国将在未来全球反垄断领域扮演越来越重要的角色。

五、国有企业竞争规则的适用

国有企业的竞争法适用问题在各大国际组织讨论和自贸协定谈判中都是焦点和热点。经合组织作为在竞争法研究方面颇有经验的国际组织在此问题上有其独到观点，值得关注。

经合组织认为，尽管各国对国有企业的定义不完全一致，但是国有企业具有的核心特征却是基本相同的，即有政府资金的注入、融资成本比较低、承担非商业使命等。

国有企业有其存在的合理性，但是国有企业与私有企业一样也会损害竞争和消费者利益。因此，国有企业同样应当适用竞争规则，大

多数经合组织成员国没有排除公共部门的商业行为适用竞争规则。而且，竞争法的本质特征就是产权中立和国籍中立，不会因经营者的国籍或者产权的归属而影响竞争规则的适用。原则上，除了邮政、铁路、机场、公共健康等领域不适用竞争法外，其他国有企业都应当适用竞争规则。

国有企业具备实施反竞争行为的动机和能力，它们实施的反竞争行为主要包括以下三类：一是掠夺性定价、构筑市场进入壁垒、交叉补贴等滥用市场支配地位行为，二是以排挤竞争对手为目的的经营者集中，三是公共采购领域的串通招投标行为。

当竞争规则适用于国有企业时，竞争机构的独立性、竞争执法的中立性及竞争规则的适用性都将面临前所未有的挑战。面对这一挑战，一方面有必要重塑竞争机构的独立性、中立性和权威性，确保竞争机构拥有足够的资源和权力进行执法，制裁政府部门滥用行政权力和国有企业恶意报复的行为；另一方面，政府需要增强国有企业财务预算和经营信息的透明度，赋予竞争机构更大的调查取证和法律制裁权力，提高竞争机构适用法律规则的水平和能力。

六、竞争政策与产业政策的协调

一种观点认为，在新旧动能转换之际，要支持发展战略性新兴产业带动经济发展，如规划六大战略性新兴产业，包括电子信息、新能源、新材料、生物医药、节能环保、高端装备制造等。从国际经验看，日本、韩国的经济崛起都与大力实施产业政策有关。

但是另一种观点认为，新兴产业发展乏善可陈，反而是突破了制度束缚的互联网经济带来了新经济的希望。而且实践证明，竞争秩序越公平的行业发展越快，所以要用竞争政策来催生新动力。因为竞争政策能最大力度、最大范围地发挥市场在资源配置中的决定性作用，最大限度开放市场、破除垄断，为经济增长带来效率动力。而且竞争能促进创新，破除抑制创

新的壁垒，为潜在竞争者扫清障碍，从而为新经济带来活力、带来新产品、带来新模式。此外，竞争政策能强化公平竞争，促进信用体系建设，降低交易成本，形成信用动力。

总而言之，孕育经济新动力，有力的政府要妥善协调产业政策与竞争政策的关系，既要实施有益的产业政策，更要提供有效的竞争政策，必须两者协同作用，经济才有生命力。

七、竞争政策与知识产权保护

一直以来，如何妥善处理竞争政策与知识产权保护问题，无论在相关领域的立法，还是反垄断执法、反垄断民事诉讼，都备受国内外关注。

尤其是在信息技术领域的滥用市场支配地位方面，与专利有关的知识产权滥用问题越来越受到企业特别是跨国公司的重视。其中拒绝许可及标准必要专利、许可费用的合理性等问题是代表们关心的话题。如在涉及标准必要专利时，如何界定相关市场，是否每一个标准必要专利都构成一个相关市场；持有人是否当然被认为具有市场支配地位；持有人寻求禁令是否构成违反 FRAND 原则和违反竞争法行为；如何界定专利费用是公平和合理的；如何界定标准必要专利与非标准必要专利等问题都是协调竞争政策与知识产权保护关系的重要内容。韩国 2015 年就专门修订了知识产权的反垄断指南，在国际范围内征求意见。此外，在执法方面，2015 年韩国公平交易委员会处罚金额较大的案件也多为国际卡特尔和串通招投标等，在 2016年、2017 年执法中也格外关注滥用知识产权的情况。

八、反垄断执法更加强调程序公正

反垄断办案程序是反垄断执法的核心，也是各大国际组织讨论的焦点，以及各国彼此审视的焦点。

（一）程序透明

韩国公平交易委员会近年来每年都在修订完善一系列办案程序，并且注重翻译成英文，在全球范围内征求意见，以回应一直以来社会各界对其程序公正方面的质疑，具体包括案件处理程序、调查程序及宽大程序等。韩国公平交易委员会表示，这些程序以前一直被内部遵循，只是没有明确规定，而这些立法举措能够进一步提升透明度。

美国联邦贸易委员会也对外公布其办案程序。以调查滥用市场支配地位案件为例，美国联邦贸易委员会办案分三步：

第一步：处理投诉。由于滥用市场支配地位的反垄断分析特别复杂和困难，执法机构应认真对待收到的所有涉及滥用市场支配地位的投诉。在审查相关投诉时需要遵守以下几个基本原则：一是企业具有市场支配地位本身并不违法；二是法律允许一个具有市场支配地位的企业参与市场竞争；三是损害竞争者的行为并不必然损害市场竞争和消费者利益；四是如果没有重要的证据显示存在一个潜在的反竞争行为，就应当终止针对某个投诉的审查和进一步调查。

第二步：初步调查。执法机构应当将投诉交给有经验的办案人员，办案人员根据投诉材料、公开数据以及与投诉人的谈话进行初步调查。需要记住的是，办案人员在该阶段不应接触被调查对象和第三方，审查重点在于评估是否有必要进入调查程序，联系被调查对象之前要准备好拟获取的信息清单。美国联邦贸易委员会开展初步调查阶段主要关注如下几个问题：被调查对象是否具有市场支配地位？被投诉的反竞争行为是否存在？该行为为什么具有反竞争效果且损害消费者利益？该行为可能具有哪些潜在的促进竞争理由？

第三步：全面调查。如果经过初步调查，执法机构认为被投诉行为引起的竞争关注仍然存在，就应当考虑适当延长初步调查期限观察是否可以解决竞争关注，如30天；如果还是不能解决竞争关注，就应当开始一个全面调查，但是启动全面调查的决定应当是慎重考虑后的结果。此时，需要对初步调查进行总结，提炼出案件涉及的法律问题、潜在的竞争损害、根据证据获得的案件事实，在此基础上草拟一个书面的调查计划。

（二）法律与经济工具的双向互动

除注重透明度外，反垄断执法还强调法律和经济的双向互动。由于反垄断法的目标是维护市场的充分竞争，促进社会福利的最大化，那么无论是垄断行为的分析框架还是竞争损害后果的计量，都不仅仅是适用法律条文本身能够解决的问题，而是需要大量的产业经济学理论和计量经济学工具辅助分析。在欧美反垄断执法办案实践中，经济学方法已经在证据搜集和归纳的过程中得到普遍运用，经济学工具和方法的运用十分普及，以便进行充分的定量分析。

（三）特色制度的建立——调解制度

韩国建立了颇具特色的调解制度。根据韩国《垄断规制和公平贸易法》第 23 条以及公平交易委员会颁布的指南，不公平贸易行为分为三类——反竞争行为、使用不公平竞争方法的行为、滥用优势交易地位的行为，这些行为与滥用市场支配地位行为以及民事违法行为存在交叉。

韩国《垄断规制和公平贸易法》对"调解制度"做了规定，即对于那些不需要公力救济的不公平贸易行为，在公平交易委员会正式立案调查之前，不公平交易纠纷的当事人可以达成调解协议，公平交易委员会将不再追究行为人的法律责任。

从 2009 年至今，"调解制度"在韩国许多不公平贸易案件中得以成功运用，该制度具有以下三个优势：一是更加迅速地解决同时具有不公平交易和私人纠纷性质的纷争；二是可以大幅度地降低监管成本和诉讼成本；三是可以减轻韩国公平交易委员会的工作负担，使其能够将更多的精力投向那些对市场产生实质性损害的不公平贸易行为。

九、竞争与消费维权的关系

（一）竞争关系与消费关系

维护市场秩序。在现代市场经济中，市场参与者之间主要存在两类关系：一是生产者与消费者之间的供求交换关系，即消费关系；二是生产者特别是同行业领域内生产者之间的关系，即竞争关系。这实际上是一个硬币的两面。竞争的核心是如何吸引消费者，消费者保护的关键是如何维护竞争性的市场，两者唇齿相依、互惠共存。

一方面，竞争是以消费者为中心展开的，竞争的核心因素是消费者，赢得消费者也就赢得了竞争，失去消费者也就失去了市场，也就无所谓竞争。正因为如此，保护消费者才能保护市场竞争。譬如在一个商标与商号假冒、虚假广告、商业诋毁盛行的市场中必然会消蚀人们的信任心理，降低顾客与经营者的亲密关系和信任感。如果顾客难辨真假，风险和不确定性加大，搜寻成本加剧，唯一理性的做法是退出市场、减少消费、拒绝购买。当大量的顾客如此时，就会引起市场冷清，交易受阻。

另一方面，消费者的首要问题是一个市场问题，保护消费者关键在于保护市场竞争，有效的竞争能促使交易双方注重成本，提高质量，进行技术革新和改善管理；竞争使人们花最低的成本获得同样质量的产品和服务，增进公众福利；竞争促使资源流向最为需要的人，实现资源从低价值向高价值的过渡。消费者保护是与市场有关的一个重要问题，自由竞争是保护消费者最好的办法，消费者保护的政策取向应当是引入更多的竞争，而不是独立于市场的管制。消费者问题最大的是市场问题，保护消费者首先就是要保护好一个富有效率的竞争市场。

（二）竞争法如何保护消费者

1. 立法目的

在 20 世纪 30 年代以前，反不正当竞争法只着眼于竞争者个体利益的保护，是为保护诚实商人而设计的。随着消费者保护运动的兴起，竞争法日益强化其社会功能，保护利益日趋多样性，保护消费者决非一个附带的目的或者是间接的功能，而被视为同等重要。现代不公平竞争法的价值取向朝着三个方面发展，即保护竞争者、消费者和社会公益利益。

这三种利益相互交叉，将其分割及区分显得意义不大，将其统一起来保护则显得更有优势。这是因为只有人们对市场参与者、对多元化的利益

加以考虑，并进行均衡与中和，市场中的规则才可能是道义和正当的。多元化主体的利益有着平等、同等受到保护的权利，而不能简单地加以取舍，必须予以全面的关照。

1986年，瑞士不公平竞争法明确的目的在于保护所有相关利益方面，保证公平竞争而非保护扭曲的竞争。1991年，西班牙《不公平竞争法》规定："旨在通过保护所有市场参与人的利益而保护竞争，禁止不正当竞争。"同年，比利时也通过了强调保护消费者理念的《贸易行为及消费者信息与保护法》。美国过去并不把消费者保护作为立法的目的。1938年，修改后的《联邦贸易委员会法》确定了对消费者的双轨保护制度——通过维护竞争的间接保护和对消费者的直接保护来实现这一目的。1957年的《欧共体公约》作为欧共体的基石，对消费者保护并无提及。但是《统一欧洲协定》则明确写进消费者保护领域的协调应达到较高的保护水准。《误导广告指令》第1条规定："该指令旨在通过禁止误导广告及其不正当的作用而保护消费者从事工商业、手工业和从事自由职业的人的利益及公众利益。"

2.立法体例

一些国家以消费者利益为核心，对竞争与消费者立法进行整合，在反垄断和禁止不正当竞争法中，把保护消费者作为直接的目的，而非附带性的，消费者立法与竞争立法日渐耦合、走向统一。如冰岛将限制竞争、不正当竞争、消费者保护的内容规定在一部法律之中。比利时、丹麦、德国、西班牙均可看到统一保护的例子。瑞典更是设立有市场法院，专司"市场法"，对保障经营自由、商业伦理、消费者利益的纠纷进行统一处理。以消费者保护为目的的市场立法在保护消费者的同时也保护了市场竞争。这是同一问题的两个方面。将多元化的利益置于不正当竞争法的一体化保护之下，扩展了该法的适用范围。过去不正当竞争法通常只适用于竞争行为人和受害者之间必须有竞争关系，不存在竞争关系的场合不适用该法。但是从保护消费者的目的出发，是否涉及竞争关系显得无关紧要。对于一些不是针对竞争对手的行为，只要它侵害了消费者利益，破坏了公平竞争的秩序也必须禁止。比如，误导往往就不是直接针对竞争对手做出的。但是几乎所有的国家都把它视为一种最典型的不正当竞争行为。为此许多国家放弃了竞争关系这一因素。比利时从 20 世纪 90 年代开始就着手用贸易实务法代替竞争法，在欧洲北部一些对消费者保护尤其重视的国家，不正当竞争法则由市场行为法所代替，不正当竞争法将逐渐转化为有关市场行为控制法。

在我国台湾地区，理论界已经认识到反不正当竞争法和消费者权益保护法均保护消费者，故两法交错领域即产生如下问题：不正当竞争法是否是广义的消费者保护法、不正当竞争法是否应与消费者保护法合并、不正当竞争防止法是否赋予消费者损害赔偿请求权。

3. 竞争规制与消费者利益的关联

消费者在市场交易中的权利集中体现在两方面，即自由选择权和公平交易权。在竞争法中主要是通过两方面来实现的。一是用反垄断法维护自由竞争。通过规制垄断组织、市场结构限制市场优势滥用。二是用反不正当竞争法维护公平竞争。通过禁止不诚实、违反商业习惯的做法，使竞争者能在公正的规则下有秩序地进行不因经营者的行为失范将消费者推至不利地位。

有效运行维护消费者的权利。竞争法中通过对竞争行为的规制保护消费者权益。侵害消费者权益的行为大致分为三种情况，即直接侵害消费者权益，如市场串通、搭售、发布虚假广告、生产假冒伪劣产品等；间接侵害消费者权益，如商业诋毁、侵犯商业秘密、商业贿赂；短期、局部使消费者受益，而长期、间接和整体上侵害消费者权益，如掠夺性定价、有奖销售。

多元化利益的维护与其救济制度紧密联系在一起。经济合作组织《竞争法框架》在有关"反不公平竞争"问题上指出，竞争法应以私人诉讼的方式来实施，应该为此提供制度上的便利。为保护消费者，许多国家扩张了竞争法的救济机制，赋予更多的利害关系人诉权。在德国，行为人违反

《反对不正当竞争法》，受到损害的竞争者可以提起请求禁止令的诉讼和损害赔偿的诉讼，以促进以经济利益为目的的团体、各种消费者组织、其他竞争者和任何消费者都可以提起请求颁布禁止令的诉讼。在美国，对违反托拉斯法造成的威胁性损失或损害，任何人、公司、联合会，无论是竞争对手还是普通消费者，都可以提起赔偿诉讼或获得禁止性救济。WTO《关于反不正当竞争保护的示范规定》规定，"凡遭受或可能遭受不正当竞争行为损害的自然人或法人应有权得到……中提及的补救"，即包括消费者和消费者协会在内。

消费者权利被视为一种"易腐"的权利，由于信息的不对称，消费者不可能都知道权利受损，同时权利的主张和满足需要花费成本，消费者势单力薄、议价能力偏弱，加上风险因素的考虑，大量的消费者对权利的实现望而却步。当全体受害的消费者，只有部分索赔并受到补偿时，就会出"履行差错"，导致不法分子的"责任概率"下降。要有效地制止不正当竞争行为的高频率发生就必须广泛动员消费者行使权利，加重违法行为的成本负担，使其变得无利可图。为此，一些国家对不正当竞争行为实行数倍的惩罚性赔偿，这一制度安排的妥当性在于对个别消费者为全体成员的利益行事，必须在成本与收益之间作出回应，使消费者付出的成本和可能得到的收益内部化，激励消费者从事公共事宜。

4. 救济制度

如果不能有效地禁止不正当竞争行为的继续发生，消费者潜在的危害仍旧没有消除，还会引发新的争端和诉讼，各国最为常见的方式是禁止令的行使。禁止令是最重要的一类民事制裁措施，有人将其视为"反不正当竞争法律保护的核心"。对已经发生的欺诈性广告，具有较强的社会记忆和广泛的扩散、传播功能，会长期遗留在公众心目中，更多的消费者因不知情会陷于蒙骗当中永远不能了解事物的真相，且有继续上当的可能。有效方法是采取纠正令或者更正广告，通过正面公开消除广告残留的潜在影响，还原信息应处的状态。其目的在于消除误导所带来的非法行为的后果，增强处罚的威慑功能。通常的做法是在报刊、新闻媒介上刊登更正声明，承认以前广告的欺骗性，并提供改正后的真实情况。

为保护消费者，在竞争法中扩大了责任主体。如非经营者的欺诈行为直接使消费者获得不真实信息，当然可以成为责任主体。当行业协会、消费者组织等非经营性主体从事不实的评优、评比、排名、排序等行为时，必须承担相应的责任。责任主体还可以扩大到一定范围的第三者，如为偏袒某一方而误导他人的新闻媒介，使人对某产品产生误导性印象，以利于制造该产品的厂家的情形。再如，虚假广告通常不是由出卖人零售商发出的，而是由第三人制造商发出的，在出卖人知道或者应当知道他人广告不真实，或者通过自己采取的措施使之变成了自己的广告，如通过张贴他人的广告宣传画，出卖人就应当对广告人的欺诈行为承担赔偿责任。

第四章 消费维权主要国际关注

　　随着百姓收入水平和消费水平的提高，我国经济发展模式从以往过于依赖出口和投资拉动，向更多地依靠国内需求特别是消费需求拉动转变。但在消费领域，假冒伪劣、虚假宣传、合同欺诈等侵害消费者权益的案件仍时有发生。要让百姓敢于消费、愿意消费不仅是为保护消费者个体利益，也可维护整个社会公共秩序，预防和消除社会不稳定因素。因此，消费维权事关消费者的生活质量和幸福指数，是释放消费潜力、发挥消费对经济增长拉动作用的重要保障。有了消费者的满意消费，才会有消费经济的快速发展。

　　党中央、国务院高度重视消费维权。2016 年 5 月，国务院常务会议指出，消费是最终需求，促进消费品工业升级，发挥消费对经济发展和产业转型的关键作用，是推进结构性改革，尤其是供给侧结构性改革、扩大内需的重要举措。

　　关于消费维权的讨论主要集中在联合国经济和社会理事会（以下简称联合国经社理事会）、国际消费者保护与执法网络，以及非政府组织国际消联。其中以联合国经社理事会主导的《联合国消费者保护准则》（以下简称《准则》）最具代表性和影响力。

　　为保护所有国家消费者，特别是第三世界国家消费者利益，使其在商品交易活动中取得无害产品和优质服务，同时促进社会和经济能按公平、公正原则持续发展，由国际消费者联盟力推，联合国经社理事会拟定草案，联合国大会于 1985 年 4 月 9 日投票通过第 39/248 号决议，即《准则》。1999 年 7 月 26 日，联合国经社理事会通过决议，对《准则》内容进行了修订，增加了"可持续消费"的内容。联合国大会后又于 2015 年 12 月对《准则》进行了第二次修改，正式发布 2016 年版《准则》，讨论消费者保护工作面临的前景和挑战。《准则》是第一部全球性消费者权益保护基本法，是唯一的对各国均有指导意义的消费者权益保护规则，是一部具有世界意义的保护消费者的纲领性文件。

此外，政府间国际消费者保护与执法网络（ICPEN）是一个由各国消费者保护和公平交易执法主管机构组成的专业性国际组织，旨在促进各国交流消费维权的最佳实践和国际经验，并探讨跨国消费者保护及跨境消费纠纷处理国际合作机制。同时，国际消费者联会（国际消联，Consumer International，CI）是保护消费者权利的非政府组织，在国际社会较为活跃，其消费维权的主张比较贴近国际消费者保护的趋势。

在消费维权领域主要国际关注有：

一、消费维权的定位

《准则》首次明确消费者的概念和消费者保护法的适用范围。《准则》第 2 条指出，消费者通常是指为个人、家庭或家居目的而消费的自然人；消费者保护法适用于企业和消费者的交易。这反映出消费者的概念在全球基本形成共识。

《准则》对消费者保护有较高的定位。消费者权利不仅仅是民事权利，也是人权。传统观点认为，消费关系是存在于消费者与经营者之间因购买商品或者接受服务而产生的民事关系，是消费者与经营者两个民事主体之间的关系，消费者权利是一项民事权利。

但是《准则》认为政府有保护消费者的责任，可见消费者权利不仅仅是民事权利，也是人权。之所以强调政府的责任，就是因为人权和私权主

要区别在于义务主体和实施机制不同。人权强调国家的义务，要求国家在立法、行政和司法等各个环节都必须尊重、保护并促进实现，人权的保护具有主动性和预防性的特点。私权的义务主体是社会的"私人"，主要通过私法制度获得保障，即所谓的"不诉不理"，私权的保护具有被动性和事后性的特点，消费者的权利如果都采取被动和事后救济的方式，无法得到真正有效的保护。因为一方面，消费者在信息、经济乃至心理等方面都处于弱势地位，很难预期个体消费者具有对抗经营者的权利意识和自卫能力；另一方面，消费争议的标的额一般都不大，从成本和效益分析往往使消费者对启动民事程序望而却步。

在《准则》具体规则的 54 个条文中，36 条是关于政府责任的，且采取消费者"有权要求"或"有权要求当局""政府应"等表述方式，而并非以消费者和经营者之间的关系定位消费者权利。比如消费者的求偿权，根据《消费者保护法》，消费者有权要求经营者对其因购买商品或服务所遭受的财产和人身损害提供赔偿。事实上，鉴于消费争议发生频繁、消费争议标的额小、消费者在信息和经济的弱势地位等因素，《消费者保护法》中的索赔权更为重要的是强调索赔可以真正兑现。也就是说，国家有义务采取立法、行政乃至司法措施为消费者的索赔权提供便捷、廉价、公平的实施机制。比如《准则》规定，各国政府应建立或维持法律及（或）行政上的措施，使消费者及有关组织，于必要时，能透过迅速、公平、廉价及便捷的正式或非正式程序取得补偿。上述程序应特别估计低收入消费者的需要。第 33 条还规定："各国政府应鼓励所有企业，以公平、迅速及非正式的方式解决消费纠纷，并建立包括咨询服务及非正式申诉程序在内的服务性机构，以帮助消费者。"由上述规定来看，消费者索赔权不在于宣布消费者有权索赔，而是首先强调各国政府的责任，要求政府积极主动提供切实可行的措施和方案，贯彻落实消费者的索赔权。

另外，《准则》以保护消费者为基础，围绕消费者的七大权利，在具体规则中规定了各国政府应采取的具体措施，涉及产品质量、标准制定、广告监管、包装管理、反不正当竞争等方方面面。《准则》不仅规定了消费者的基本权利，还对消费者保护与环境、消除贫穷、基础设施建设等几大基本政策之间的关系进行了阐述，如"不可持续的消费方式是全球环境持续恶化的主要原因""促进可持续消费应充分考虑贫穷、满足社会所有成员的基本需要""各国政府应提供基本公共设施和服务……确保各阶层人民的福利"。由此可见，保护消费者不仅仅是为了解决消费者的弱者地位，还是一项涉及经济社会发展的基础工作。所以，很多国家把消费者保护纳入宪法规定。比如，巴西早已在宪法中明确规定了消费者保护条款；日本和泰国有消费者保护会议制度，谁当首相，谁就是消费者保护会议的会长，每年定期研究消费者保护工作，也就是说，政府的总理、首相直接担负着消费和保护工作。

二、消费维权与消除贫困

2015 年，联合国发展峰会颁布了《2030 年可持续发展议程》（以下简称《2030 议程》），这是联合国千年发展目标的延续，是引领全球发展的最新蓝图。《2030 议程》提出在 15 年内消除极端贫困、战胜不平等不公正、遏制气候变化等宏伟目标。消费者保护是推动经济发展、消除贫困、保护弱势群体、促进社会公正的重要因素，也纳入《2030 议程》的整体框架下进行考量。

《2030 议程》提出了"发展路上不落下任何一个人"的目标，意味着我们同样不能落下任何一个消费者。同时，各国经济社会差别很大，有的国家尚处于公共产品匮乏、公共服务缺位的阶段，有的国家城乡发展不平衡，有的国家男女地位不平等，因此各国目标也各有侧重。如何实现"不落下任何一个消费者"，帮助发展中国家加强消费者保护、增强弱势消费者能力等成为热点问题。

当前，消费者，尤其是弱势消费者的声音依然容易被忽视。弱势消费者维权的最大制约是文化水平、经济条件和地理位置。因此，国际普遍认

为应当提高消费者的受教育水平、增加就业和普及农村偏远地区的互联网接入。

美国投入 100 亿美元加强消费者保护机构的能力建设。另外，建立专家组对话机制、开展同行审议等可以帮助发展中国家吸取其他国家经验，更快缩小差距。法国提供安全、卫生、廉价的基本公共产品以及完善市场经济制度，这对发展中国家意义重大。各国应致力于改善最弱势消费者的地位，实现以人为本的平等保护。荷兰设有 55 个独立的第三方委员会，处理非诉讼纠纷解决（ADR），正在加强公共组织的事权和履职能力，加大为弱势群体提起公益诉讼的投入。阿根廷认为市场经济自身的可持续发展需要市场主体之间的良性互动和正向循环。阿根廷消费者保护工作的最大目标是恢复和加强经营者和消费者之间的信任体系。印度充分发挥社会组织作用。该国正在大力支持消费者组织发起的"全国消费者苏醒运动"，还建立了消费者扶持专项基金，降低消费者维权负担。墨西哥为清洁能源制定了严格的国家标准，对电力、天然气等公用事业领域的消费投诉建立快速通道。建立了全国统一的消费者论坛，让每一个消费者可以发声。

三、网络消费者保护

尽管各国的电子商务发展水平处于不同阶段（如肯尼亚的互联网经济不足全国经济总量的 1%，网民不足全国人口的 2.6%），但国际社会对网络消费者保护有相当共识：一是电子商务的健康发展要在鼓励创业创新和保护消费者权益之间取得平衡，要在商业创新的同时让消费者受益；二是电子商务领域的消费者应当获得和其他领域同等的保护标准；三是电子商务发展的关键在于信任体系，尤其是要构建支付安全、个人信息安全、产品质量安全等核心信任；四是要强化第三方平台责任，在法定情形下应当承担侵权连带责任。

在法国，协作经济已占经济总量的 23%，超过 50% 属于可竞争市场，预计 10 年内会增长 3 倍，将有 60% 以上全国人口使用电子商务。这种发展趋势将重新定义市场，既使消费者成为更主要的角色，也使其更容易被侵权。法国将推动构建由消费者完全信任的平台承担充分责任的电子商务体系。在德国，数字化时代提供了巨大的经济机会，但由于很多消费者担心个人信息安全和不信任法律保护而阻碍了电子商务发展。应当让消费者获取最全面的信息，同时保障其个人信息安全，建立全球电子商务消费者保护最低标准。在俄罗斯，该国成立了国家级的咨询机构，每年向政府提交报告和建议；在独联体成员国之间加强消费者保护的协调，形成合力；推出了国际奖学金计划，加强专项研究。在印度，目前有近10亿人拥有手机，有3亿多网民。未来，将有4亿—5亿人成为中产阶级，城市化还在进行，妇女在电子商务中有更平等的消费地位，电子商务发展潜力巨大。对此，印度投资5000万美元，设立在线消费纠纷跟踪机制、全国虚假广告投诉网站等。在墨西哥，消费者委员会于2015年推动参议院立法拓展消费者权利，与互联网联盟、电子商务协会等合作，构建安全的购物环境，采取最严格的个人信息保护机制。在巴拿马，网约车是一种商业创新，要承认其合法性，尊重价格的市场规律。同时该国规定，网约车必须事先公开费用，缴纳强制保险，车辆和司机必须在政府登记。在赞比亚，电子商务发展迅速，急需完善消费者申诉渠道和经营者问责机制。电子商务最重要的是透明度，希望联合国建立国际统一的信息披露最低标准。在尼日利亚，电子商务发展迅速。该国央行正在建立全国统一的在线支付平台，希望联合国制定国际统一的在线支付规则，以提高跨境消费的安全性。

此外，经合组织认为，电子商务的B2C模式及其法律规制已经比较成熟，但对于现在迅速发展的C2C、P2P、O2O模式，特别是对自然人通过第三方网络平台销售商品或提供服务的能否适用消费者保护法，尚无共识，希望各国加强研究。国际商会认为，电子商务的高速发展可能导致大数据等技术滥用，侵犯消费者个人隐私，催生个性化的诱导式购物。立法需要及时回应技术变化带来的侵权方式变化。国际消费者联盟认为，电子商务影响了人们生活的方方面面，加速了全球一体化，催生了议价能力极强的

寡头电商企业。预计到 2020 年，全球将有 70% 的人口使用手机上网，各国应加强预判，超前规划，创新方法，落实《准则》。

因此，《准则》（2016）首次纳入电子商务领域的消费者保护工作。从保障电子商务消费者获得和现场购物同等保护、保证电子商务政策透明、加强个人隐私保护、加强消费者宣传教育、加强电子商务国际规则制定等方面进行宏观指导。

值得一提的是，《准则》还首次纳入金融领域的消费者保护工作。从保障金融领域消费者知情权、规范金融机构代理行为、销售符合消费者消费和判断能力的金融产品、防止个人信息滥用和欺诈、加强消费者宣传教育等方面进行宏观指导，并首次对能源、公用事业、旅游业领域做出具体规定。《准则》认为，一方面，上述领域的消费纠纷日益凸显，当应加强消费者保护工作；另一方面，上述领域的健康规范发展尤其可以帮助贫困地区的居民改善自身地位。

四、消费维权的国际合作

受经济全球化、市场交易现代化以及消费结构方式多元化的影响，国内市场和国际市场的界限变得日益模糊，加强政府间消费者维权合作，针对跨国消费纠纷处理和服务消费、网络消费保护等热点问题，加大对消费者保护领域的协调力度的必要性与重要性日益加强。

《准则》创新了国际合作机制，为各国提供了对话和达成协议的平台，加强了国际合作的长效化、日常化和深入化，意义重大长远。联合国大会于 2015 年 12 月通过决议成立政府间专家组。2020 年的 G20 大会将对专家组工作进行审议。各国可以在专家组框架内，广泛加强国际合作，开展同行审议，共同研究课题，制订长期计划。

专家组由各国消费者保护机构官员组成，负责共同研究全球消费者保护的最新理论和最佳实践，分享交流各国经验和挑战，推动《准则》的落实和修订，帮助发展中国家加强消费者保护，开展自愿的同行审议等。专家组的具体工作由联合国贸发会议负责组织实施。

中国建议，专家组以 5 年为一届，建立相对稳定的队伍；每年召开一次全体会议，一般在日内瓦召开；每一次专家组会议纪要向各成员国发放，并每 5 年汇编成册发行；每年确定一个研究课题；《准则》每 5 年修订一次等。美国建议制定 1—2 年，而非 4 年的研究课题，会议召开前 2 周提出议程草案，决议在会议闭幕一个月内出台等；法国建议，在预算外增加捐款渠道，明确争端解决的约束力；巴西建议借鉴竞争法专家组的仲裁机制；欧盟建议明确专家组成员的权利义务等。

在 2016 年的联合国贸发会议上就国际合作机制达成以下共识：

一是专家组成员。联合国的所有成员国自动成为专家组成员国。同时专家组对国际组织、学术机构、NGO 开放。

二是对专家组的审议。联合国成立审查委员会，每 5 年召开一次会议，审议专家组工作，并决定是否延续专家组。

三是专家组会议。每年召开一次专家组全体会议，地点为瑞士日内瓦。会议开始前选举主席团，确定议程；会议结束后发布决议，该决议不需要各成员国签字，不具有强制约束力。其他程序均遵循联合国贸发会议的一般程序。

四是专家组经费。专家组的所有工作都纳入联合国贸发会议的统一预算，由纽约召开的联合国大会决定每年预算。因此专家组的研究课题等工作计划必须突出重点。

五是自愿的同行审议。由 3—5 名审查员组成独立的审议组，单次投入 3 万—4 万美元，对文化相近、语言相通国家的消费者保护工作开展审议，评估《准则》落实情况、消费环境、消费者保护工作的经验等。审议报告不排名，公开发布。

六是《准则》的修订和联络点。《准则》每 5 年由联合国审议委员会进行审查，决定是否进行修改；各成员国可以向专家组报送本国的城市作为联络点。

七是研究课题（2016—2020年）。中国提议研究电子商务消费者保护、跨境消费纠纷解决机制、预付式消费、个人信息保护。欧盟建议研究产品质量安全；法国建议研究金融消费者保护；巴西建议研究跨境消费纠纷解决机制；刚果建议研究全球产品质量跟踪体系。在寻求最大公约数、兼顾课题灵活性和稳定性等因素的考虑下，会议最终确定了消费者保护法律框架、电子商务消费者保护这两个课题。

五、非诉纠纷解决机制（ADR）和在线纠纷解决机制（ODR）

国际上都很重视消费维权非诉的解决方式。比如，在英国，传统意义上的消费者纠纷解决途径通常包括法院诉讼和政府的行政途径，今年来发展壮大的行业协会自律是政府途径的有益补充；而非诉讼纠纷解决机制（ODR），则是化解法院诉讼难题的途径。2015年7月9日，欧盟《消费者非诉纠纷解决机制指令》在各个成员国转化为国内法正式生效，标志着欧盟消费者非诉讼纠纷解决体系的建立。针对传统ADR机构决定缺乏约束力和缺乏资金来源的情况，指令赋予ADR机构强制力和经费支持。

在统一的ADR体系下，欧盟授权各个成员国作为联络点发展与欧盟外国家的国际合作，以解决跨境消费纠纷问题。卢森堡是负责中国事务的联络点。在英国，消费者监察专员的职能包括处理消费者咨询、解决消费纠纷、分析热点趋势、向内阁部门和监管机构报送市场分析报告以及制定修改法律法规建议等。英国金融消费者监察专员是欧盟内部公认最为成功的消费非诉讼纠纷解决机构。根据法律规定，每年银行等金融机构需向其提供经费支持（通过向金融监管机构缴纳经费、金融监管机构向英国金融消费者监察专员拨款的形式完成）。该组织的决定具有强制力，在消费者不同意该组织仲裁决议的情况下，可以选择向法院起诉；而经营者必须履行该组织决定，除仲裁不符合法定程序外，经营者不得向法院起诉。

为了一并解决线上交易和跨境交易的消费者纠纷，欧盟议会和欧盟委员会还同时通过了《消费者在线纠纷解决机制条例》，该条例将于2016

年1月9日在各成员国正式发生效力。在英国，ODR的概念分为两种，一种是消费者监察专员通过在线的方式解决在线纠纷，另一种是非消费者监察专员组织的公司自行建立的纠纷解决公司。根据上述条例，欧盟所有的电子商务网站均需添加在线纠纷解决网站链接。很多中小规模的公司无力建立自己的在线纠纷解决系统，由此催生了大量私营在线纠纷解决公司。上述公司通过向电子商务网站收取费用维持运营，并非法定机构。

六、消费维权的社会共治

国际普遍认为，消费维权不是一家政府部门的工作，而是多家政府部门共同协作，此外，还需要调动政府和协会两只手，充分调动社会力量，形成消费维权的社会共治。

巴西1990年颁布《消费者法典》，建立国家消费者保护体系，该体系包括地方消费者局、检察官办公室、公共保护官办公室和民间团体。此外，该法典还建立联邦消费者保护机关，负责执行国家消费者政策，并作为牵头单位，协调各方消费者保护组织和力量。

巴西的联邦消费者保护机关是消费者秘书处，设在巴西司法和人权部下，是消费者保护工作的牵头联席单位。巴西的消费者保护法律体系具体包括：公共保护官办公室：促进对消费者的司法援助和指导，开展消费者集体维权行动；公共律师办公室：在集体维权行为中代表消费者提起诉讼；地方消费者机构：代表、协调和执行消费者保护政策，建立地方消费者保护体系，为消费者提供援助和支持，监管消费侵权行为；民间团体：代表大众或者特定消费者利益。目前巴西的消费者保护体系的机构分布如下：（1）27个地方机构，分别来自26个州和1个中央行政区。（2）866个市级消费者保护机构。（3）27个地方公共检察官办公室。（4）联邦公共检察官办公室。（5）27个地方公共保护官办公室。（6）18个消费者保护民间团体。

此外，国际普遍认为，做好消费者保护工作必须在重视发挥政府作用

的同时，更好地发挥消协等社会组织的积极作用，形成"两条腿走路"。如荷兰利用独立委员会进行非诉讼纠纷解决；印度支持消费者组织发起"全国消费者苏醒运动"；巴西的消协独立于任何政治团体和企业，积极开展公益诉讼等。

七、消费宣传

无论是日用百货、家用电器等传统消费领域，还是网络购物、文化娱乐服务等新兴业态，以及金融、商品房等大额消费领域，都需要重视消费者宣传引导工作，培养消费者科学理性的消费方式和依法正当的维权方式，预防和化解一大批消费纠纷。如联合国贸发会的专家组提议将"3·15"定为国际纪念日，目的就是加强消费者宣传。

此外，德国保障消费者获取全面信息的权利、印度建立全国消费者一站式教育网站、墨西哥建立全国的消费者论坛、哥斯达黎加开展金融领域专项教育计划等，都是在广度和深度上加强消费者教育引导工作，值得中国借鉴。

八、消费维权的信息化建设

信息化建设是消费维权的主要抓手，国际社会普遍关注消费维权的网络建设。国际消费者保护与执法网络除了自己的网站外，由美国联邦贸易委员会发起开设了 econsumer 网站，主要用于收集各国的消费者投诉。该网站目前已有多国语言，网站不负责处理投诉，但是收集消费者投诉信息，并定期由美国联邦贸易委员会进行投诉信息的分析。

此外，很多国家在加强信息化建设。比如，巴西建设了消费维权三张网，分别是消费者保护信息系统、在线纠纷解决系统、消费事故预警系统。

消费者保护信息系统整合巴西地方消费维权的工作，并将信息整合成国家数据库，支持消费者保护的公共政策的执行。目前该系统已包含25 个以上的州消保机构、402 个市级消保机构，以及 680 个相关的支持机构，该系统在 531 个城市有效。2015 年为地方机构提供了 265 万条数据支持，截至 2015 年年底共提供了超过 1600 万条数据支持。

在线纠纷解决系统（consumidor.gov.br）提供巴西在线可替代纠纷解决的新型公共服务，帮助消费者和企业直接对话解决消费纠纷；为联邦机构提供信息，更好地制定和执行消费者保护有关政策；鼓励市场竞争，促进消费维权服务质量的提升。目前已有 34 万多消费者注册；已收到巴西境内的消费投诉 40 多万件；有 335 家企业注册；40 多家企业正在联系中待加入该系统。

消费事故的信息系统帮助全面了解巴西境内的消费事故情况，并据此开展市场监管工作，确定采取监管措施，如召回等。通过该系统，巴西司法部还进一步明确消费种类和受影响区域，以便采取更有效的公共政策，最大限度减少对公众产生影响的消费事故，尤其是对公共健康产生影响的事故。该系统还帮助市民随时了解召回预警信息和进展情况。最近已有几千消费者在该系统注册，这些消费者每周都会收到召回预警。

欧盟国家也是如此，以西班牙为例，建立了三个市场监管信息化系统，分别是市场监管信息系统和交流系统、产品快速预警系统、消费者保护合作网络。

第五章　小微企业发展主要国际关注

与体量巨大的国有企业相比，为数众多的小微企业不仅为政府分担了巨大的就业压力，还为经济的快速发展添加了"活力"。国家工商总局发布的《全国小型微型企业发展报告》称，小微企业解决了中国 1.5 亿就业人口，已成为吸纳社会就业的主要渠道。目前我国经济下行压力依然很大，但就业仍然实现了稳定增长。这既有服务业增长的因素，但更重要的，还是通过改革激发了大众的创业激情。

2014 年 11 月，国务院印发《关于扶持小型微型企业健康发展的意见》，从资金支持、财税优惠、创业基地建设、促进企业信息互联互通等方面提出一系列政策措施，扶持小微企业健康发展。

2015 年 7 月，习近平总书记在主持经济形势座谈会时表示，要加大小微企业扶持力度。

2016 年 3 月 4 日，习近平总书记在参加全国政协十二届四次会议民建、工商联界委员联组会时的讲话中指出，改革开放以来，党和国家出台了一系列关于非公有制经济发展的政策措施。特别是中共十八大以来，随着全面深化改革不断推进，关于非公有制经济发展的政策措施更加完善。

2016 年 12 月 6 日，李克强总理会见先进个体工商户代表时表示，个体私营等非公有制经济不仅支撑起就业的近半壁江山，是就业的最大容纳器之一，而且在满足人民群众多样化需求方面提供了有效供给，是经济活力的重要源泉，是满足市场需求的重要供应力量。

第一节 小微企业的定义

美国《小企业法》对小微企业的定义是，独立经营且在其所在的业务领域不占支配地位。该法还规定在进一步定义时可参照以员工数和企业销售额为主的一系列指标。具体来说，美国将雇佣员工在 10—99 人的企业确定为小型企业；雇佣员工在 1—9 人的企业确定为微型企业。

加拿大则结合企业雇佣人数和行业来确定小微企业的划分标准。其工业部制定的具体划分指标是：小型企业为雇员人数 5—100 人的制造业企业及雇员人数 5—50 人的服务业企业；雇员人数 5 人以下为微型企业。

欧盟根据企业员工和年销售额或资产总额来确定小微企业的划分标准。其规定的小型企业是员工人数在 10—50 人，且年销售额或资产总额在 200 万—1000 万欧元的企业；微型企业是员工人数在 10 人以下，且年销售额或资产总额在 200 万欧元以下的企业。

日本《中小企业基本法》按照行业、资本金和经常雇佣的员工数对企业进行规模划分。另外，其在实际的政策执行中，还要依据具有家族经营性质、经营收入仅够维持一般生活水平、经营者生活与经营活动的密切程度高等要素来辅助判断是否为微型企业。

巴西将雇员人数为 0—9 人的企业规定为微型企业；将雇员人数为 10—49 人的企业规定为小型企业。

印度将投资额小于 5 万美元的制造业企业及投资额小于 2 万美元的服务业企业均规定为微型企业；将投资额小于 10 万美元的制造业企业及投资额小于 4 万美元的服务业企业规定为小型企业。

印度尼西亚将资产总额小于 5000 万印尼盾，且营业额小于 3 亿印尼盾的企业规定为微型企业；资产总额大于 5000 万小于等于 5 亿印尼盾，且营业额大于 3 亿小于等于 25 亿印尼盾的企业规定为小型企业。

马来西亚将雇佣人数少于 5 人的企业定义为微型企业，将雇佣人数在

5—50人的制造业企业及雇佣人数在5—19人的农业和服务业企业定义为小型企业。

在澳大利亚、韩国，从业人数50—199的为中型企业，200人以上的为大型企业。

在土耳其，从业人数1—19人的为微型企业，20—49人的为小型企业，50—249人的为中型企业。

在新西兰，从业人数50—99人的为中型企业，100人以上的为大型企业。由此可见，多数国家将从业人数1—49人的企业划归为微型和小型企业。

世界银行将雇员人数在1—10人，总资产100万美元以下，年销售额100万美元以下的企业规定为微型企业；雇员人数在11—50人，总资产和年销售额均在100万美元以下的企业界定为小型企业。这些国家、地区和国际组织对小型和微型企业的界定标准主要依据的是雇员人数、资产总额和营业额这三个指标。其中，因为雇员人数较易统计所以被各国普遍使用。

由此可见，当前各国家和地区普遍制定统一的定量方法来界定小微企业的标准，其中部分国家还将定性方法与定量方法结合使用。原因在于，定量指标具有直观、规范、灵活的特点，而定性指标虽全面但较模糊、易产生歧义。如果采用复合指标则可以同时发挥两者的优势。

第二节　小微企业寿命的国际对比

数据分析研究表明，企业一般在设立3—7年最容易死亡，特别是头三年，因此在小微企业的初创期给予阶段性的扶持是非常必要的，也是非常重要的。

欧洲、日本中小企业的平均寿命为12.5年，美国竞争相对激烈，中小企业的平均寿命也达8.2年。而在中国，中小企业平均寿命只有3.7年，其中，小微企业还不到 3 年。尽管企业无论大小，生生死死都很正常，但企业活得长久还是更让人期待，这也是发达国家的经验。

2013 年 6 月，国家工商总局企业注册局、信息中心发布《全国内资企业生存时间分析报告》。该报告是国家机关对企业生存问题，尤其是中小企业生存问题的正式回应。报告定义了企业寿命：本文企业"生存时间"主要指企业从在工商部门注册成立到被工商部门吊销营业执照或企业在工商部门办理完毕注销手续，退出市场经营之间的存续时间，即企业寿命；同时亦指企业在工商部门注册成立至统计时点的存续时间，即企业年龄。报告综合分析 2000 年以来全国新设企业、注吊销企业生存时间等数据，我国企业生存时间呈以下主要特点：（1）近 5 成企业年龄在 5 年以下。截至 2012 年年底，我国实有企业 1322.54 万户。其中，存续时间 5 年以下的企业 652.77 万户，占企业总量的 49.4%。（2）企业成立后 3—7 年为退出市场高发期，即企业生存时间的"瓶颈期"。2000 年以来新设立企业退出市场的概率呈倒"U"形分布，即前高后低、前快后慢态势。企业成立后的 3—7 年死亡率较高，随后渐趋平缓，为企业生存的"瓶颈期"。近五年退出市场的企业平均寿命为 6.09 年，寿命在 5 年以内的接近六成。从 2008 年年初至 2012 年年底，五年内全国累计退出市场的企业共 394.22 万户，平均寿命为 6.09 年。

我国政府目前在千方百计延长小微企业寿命，国务院总理李克强 2014 年 9 月 17 日主持召开国务院常务会议，部署进一步扶持小微企业发展推动大众创业万众创新，决定全面建立临时救助制度，为困难群众兜底线、救急难。为想方设法让它们活得更长一些，让后续的创业大军能源源不断地涌进来，"我们引燃了创业'火种'，要使它越烧越旺。不仅要让企业'生出来'，还要让它们'活下去''活得好'！"要实现这样的长远目标，既需要从大处入手，甚至顶层设计维护市场竞争秩序，也需要从小处着眼，在细微的地方体现出对小微企业的呵护。

第三节　扶持小微企业政策

国外小微企业也具有数量多、吸纳劳动力能力强的特点。美国目前约有小微企业 2700 万个，占美国企业总数的 99%，小微企业的就业人数占美国总就业人数的 2/3，生产总值占美国国内生产总值的 51%。欧盟 93.3% 的企业雇员人数在 10 人以下，提供的就业岗位占欧盟非公职就业岗位的 60% 左右，小微企业对社会经济的发展具有举足轻重的作用，各国政府也意识到小微企业对经济发展有重要贡献。但是小微企业在规模和产量上是企业中的弱者，针对小微企业本身的脆弱性和生存环境的恶劣，世界各国都对小微企业的发展给予了较大支持和政策倾斜。

一、简政放权，降低企业注册门槛

加拿大和智利办理营业执照效率较高，最快可在一天内办完，但是开办企业往往还需要获得不同行业资质许可。大力减少政府审批等官僚程序和繁文缛节对于小微企业非常重要。只有这样，企业才能把更多精力放在创业和经营上，提高获得成功的可能性。智利目前共有 85 个部门设立多达 800 余项行政审批事项。为了减轻对小微企业的负担，智利将上述审批事项集中在一个平台上，即 businessdesk 网站办理，并大力削减审批事项，将类型相同的审批精简合并。

二、通过财政补贴为小微企业输血

小型微型企业正在遭受中国经济增速放缓与世界经济下行所带来的阵痛。报告调查显示，仅有 12% 的小型微型企业表示在近几年营业额快速或高速增长（增长率 30% 以上），其余大多数企业经营发展缓慢。小型微型企业在发展过程中仍旧面临大企业的挤出效应，尤其是在宏观经济环境不景气的背景下，各种社会资源向大中型企业倾斜倾向更加明显。社会资源分配向已发展壮大的企业集聚，进一步挤压小型微型企业生存空间。

补贴是政府为使中小企业在国民经济及社会的某些方面充分发挥作用而给予的财政援助。财政补贴能够及时给小微企业输血，帮助小微企业渡过创立之初最艰难的生存难关，对小微企业的生存发展直至发展壮大有重要作用。

财政补贴以法国最全最好。法国的税收优惠主要做法有：新建企业一般可减少80%的税额；新建中小企业可免3年的所得税；在老工业区等重点开发区兴办公司免征3年地方税、公司税和所得税，期满后仍享受50%的税收优惠；新建企业的固定资产折旧率由原来的5%提高到25%。法国财政补贴的主要做法有：中小企业每新增一个就业机会，政府给予2万—4万法郎的财政补贴；对三年内新增6名职工以上的中小企业，每名新增加职工由地方领土整治部门补贴1.2万—1.5万法郎；对三年内增加30人以上的服务行业，每增加一个员工由地方领土整治部门补贴1万—2万法郎；对每个雇佣学徒提供1.6万法郎的补贴津费；对中小企业研究开发经费可补贴其投资的25%；对雇佣青年和单身妇女的中小企业也给予一定的补贴；对节能企业，每节约1吨石油补贴400法郎。

德国为鼓励东部地区中小企业科技进步，从1990年起，德国联邦教研部通过历时4年的"东部地区合作研究开发计划"，向东部地区中小企业提供资助，资助额达项目费用的50%。

三、通过政府采购订单给予扶持

美国政府采购政策：目前，美国规定每年的政府采购中有25%必须给中小企业，而5%必须给由妇女开办的中小企业。小企业局在每次政府采购中，具体负责筛选和管理那些小企业能够获得的政府采购合同，有时为了使小企业能够获得政府采购合同，小企业局有权将一些大的合同拆分为小合同，以供小企业获取。小企业局还为能够获得政府采购合同的中小企

业提供"能力证书"。

法国严格执行国家订货的支付期限，振兴劳动密集型产业的发展。法国政府对国家订货市场的支持，规定45天内签发放款通知单，付款通知书尚未到时，中小企业可以提前向中小企业装备信贷局支取贷款款项。通过招标机制资助高技术企业创建。为了在各个不同技术领域支持创建或发展高技术企业，法国在1999年年初创设了"政府对技术创新型企业创建的资助实行投标"的机制，并取得了相应的成果。

韩国公平交易委员会（KFTC）通过实施《承包法》，裁制大企业与中小企业在制造生产、建筑工程、劳务输出、委托交易等领域各种不公正的交易行为，限制纠正大企业的独断专横，保护中小企业免受大企业滥用市场支配地位的损害；通过实施公平交易协作制度，有效鼓励大企业与中小企业开展协作，从而提高中小企业的竞争力。

四、为小微企业减税

（一）设置免税线

不少国家和地区对符合条件的小企业，根据其应纳税额或销售额大小设置免税线，或划定一个下限和上限，下限以下部分免税，下限和上限之间给予部分减免。一是实行免税，一些国家对于流转税额低于某一数量的潜在纳税人干脆实行免税，只对其购进征收增值税，如欧盟国家和拉丁美洲的哥斯达黎加、洪都拉斯、尼加拉瓜、巴拿马等国家。二是将免税线定得较高，一些欧盟国家，如德国为年销售额12108美元；爱尔兰销售货物为48273美元/年，提供劳务为24136美元/年；希腊为7984美元/年；意大利为14825美元/年等，以上国家都在上述额度给予免税优惠。三是对小规模经营户实行特别简便的征税方法，如德国，在制定免税线的同时，为了鼓励纳税人自觉纳税和降低管理成本，如果企业主的全部营业额和纳税总额比上一年度低于1.75万欧元，且当年估计不超过5万欧元，则对其免征增值税。

（二）税率式减免

在增值税上，英国临时降低增值税税率，从 2005 年 12 月 1 日起至 2009 年 12 月 31 日止，税率从 17.5% 降为 15%（欧盟规定的增值税标准税率的最低限），2010 年 1 月 1 日起再恢复到原来的 17.5%。日本在国内提供货物和劳务所需缴纳 5% 的增值税，出口为零税率，对于应税销售额或者劳务额低于 4 亿日元的纳税人可以选用简易的课税法，对批发销售按 0.3% 和劳务按 1.2% 固定税率征税。韩国增值税税制中并没有对小微企业采取免税的办法，而是实行以特殊税率征税，实际税负相当于普通纳税人的 1/3，根据不同行业而异。因此，低税率使得小微企业得到了实在的优惠。

在企业所得税方面，美国在《经济复苏税法》中规定，对小微企业相关的资本收益税税率下调到 20%，个人所得税税率降低到 25%，并且在 2008 年之后对小企业发生的经营亏损可以往前结转 5 年。而英国自 2000 年 4 月起，对小微企业年利润不足 1 万英镑的公司，给予所得税 10% 的税率优惠，从而使得小微企业有更大利润和发展空间。加拿大政府规定小企业的公司所得税率从 2008 年的 19.5% 降到 2009 年的 19%，并规定在以后年度逐步降低，目前降为 15%。

（三）新办小微企业减免

美国对新办小微企业的减免税主要体现在对于 25 人以下雇员的公司，对于具有经营目的，可实现费用全额扣除，其利润的纳税方式可按照一般的公司所得税法规定缴纳公司所得税，也可以选择"合伙企业"办法将利润作为股东收入缴纳个人所得税。法国对新办的小微企业自 2003 年起取消公司所得税的附加税负担，而且自申请营业执照后免征前 3 年的公司所得税。韩国专门制定了有关小微企业的相关法律法规，对新办的小微企业所得税的优惠较大，自申请营业执照后前 3 年免征所得税，后 2 年减半征收，对于偏远农村的小微企业还可以减免财产税和注册税的优惠，对于因债务导致企业经营困难的小微企业，政府还会为其提供税收减免。

（四）鼓励投资减免

很多国家在鼓励小微企业进行投资时，也出台了很多优惠政策支持其促进社会经济发展。比如，美国税法规定，对符合条件的小型企业股本获益可以获得至少为期5年豁免5%的所得税优惠；同时对风投资金的60%免税，40%的风投资金还可以按减半征收所得税。另外，若小微企业的应纳税额少于2500美元，其税款可全额用于投资抵免，超过的部分最高抵免额限于超过部分的85%。同时对于在投资后的1—2年内新购置使用的固定资产提取高比例折旧，对某些设备在其使用年限初期实行一次性折旧。法国小微企业如果把获利所得用于再投资，可按19%的税率征收公司所得税。对小企业用于固定资产投资的税前资本扣除比例从25%提高到40%。英国则对投资规模在4万英镑以内的小微企业，其投资额60%可以免税。日本对小企业大型固定设备等给予特别折旧，如对数控制造机械和工业用自动机械等采用初期折旧32%，同时给予购置成本的7%抵免所得税；对于节约能源或利用新能源的小企业，在设备折旧等方面给予较大的税收优惠，如购买或租借的设备，在使用的第一个纳税年度可以作30%的非正常折旧。韩国对小企业购进机器设备，则按购置价值的30%进行所得税抵免；对符合条件的小企业，在年底资产价值为20%以内设立的投资准备金，可以在税前扣除，但税前扣除的准备金应当从提取准备金以后第3年起分36个月作为实现利得分摊计回应纳所得税额。

日本政府中小企业的扶持一直备受关注。早在20世纪30年代开始，日本学者就已经开始了对中小型企业的生存理论进行讨论探析。日本政府已经颁布了30多种对中小企业的法律法规，以促进其发展，并随着经济的发展不断进行调整、完善。日本先后颁布了《中小企业基本法》《中小企业现代化促进法》《中小企业创造活动促进法》。

五、融资贷款援助

小微企业同样存在融资难、融资贵的问题，大公司获得资本的成本相对较低，但小微企业却很难获得贷款。政府帮助中小企业获得贷款的主要方式有：贷款担保、贷款贴息、政府直接的优惠贷款等。贷款援助环节是中小企业的初创、技改和出口等最需要资金的地方。

智利致力于发展有效融资工具，不仅让小微企业融到资，而且成本还不高。

加拿大政府设立了商业开发银行，在一般商业银行贷款之外，为小微企业另行提供融资支持。

美国对小微企业的贷款援助以贷款担保形式为主，美国中小企业局（SBA）的主要任务就是以担保方式诱使银行向中小企业提供贷款。具体做法有：一是一般担保贷款。SBA 对 75 万美元以下的贷款提供总贷款额 75%的担保；对 10 万美元的贷款提供 80%的担保，贷款偿还期最长可达 25 年。二是少数民族和妇女所办中小企业的贷款担保。SBA 对它们可提供 25 万美元以下的 90%额度比重的担保。三是少量的"快速车道"贷款担保。对中小企业急需的少数"快速"贷款提供 50%额度比重的担保。四是出口及国际贸易企业的贷款担保。做法与一般担保基本相同。

日本以政府建立的专门的金融机构对中小企业进行低息贷款的方式为主。日本对中小企业的贷款援助以政府设立的专门的金融机构为主。目前，这样的金融机构有"中小企业金融公库""国民金融公库""商工组合中央金库""环境卫生金融公库""冲绳振兴开发金融公库"等。它们向中小企业提供低于市场 2—3 个百分点的较长期的优惠贷款。此外，日本政府还设立"信用保证协会"和"中小企业信用公库"，以向中小企业从民间银行所借信贷提供担保。

日本政府对中小企业的金融支持项目非常细化。例如，（1）政府金融机构实施"畅通中小企业周转金的特别贷款"，部分免除担保；开设"支持中小企业事业开展特别贷款"，支持准备通过雇员发展的企业。（2）全国近50 家由地方政府、金融机构、注册会计师等参与的"中小企业再生支援协会"，为中小企业提供专业的融资等资讯，也为中小企业重建提供资金支

持。民间机构向小企业发放无抵押贷款时，国家预算会为其提供放款基金。
（3）日本政府还设立"信用保证协会"和"中小企业信用公库"，为中小企业从民间银行贷款提供担保。（4）20世纪70年代后，日本开始实施中小企业现代化政策，提出了中小企业要实现知识密集化、高技术化的政策，同时要求政府金融机构向新兴的高技术型中小企业提供"风险投资"。目前，日本"风险企业"已达2万多家，"风险企业"已成为日本机器人的主要需求者。

德国政府自1994年8月起实施了一项"创新信贷计划"，目的在于间接资助中小企业及其与研究机构间的合作。

法国为保障法国企业在国外投资的安全，法国政府委托民间的"法国对外投资保险公司"（COFACE）为法国中小企业对外投资提供市场调查和投资保险，并仅收取企业市场调查预算3%的低额保险费。如被保险企业在国外投资遇到风险或利润不能返回法国时，保险公司将负责补偿。

六、为小微企业引进风险资本

风险基金是政府或民间创立的为高新技术型中小企业创新活动提供的具有高风险和高回报率的专项投资基金。其中欧美等国家多由民间创立，而日本等国主要为政府设立。中小企业规模小，其股票难以到一般的股票交易市场上与众多的大企业竞争。为解决中小企业的直接融资问题，一些国家探索开辟"第二板块"，为中小企业，特别是科技型中小企业提供直接融资渠道。

美国的风险基金最为发达，遍及全国500多个"小企业投资公司"，其中大部分主要是向高新技术型中小企业提供基金的。1995年，共有7万多小企业获得总共110多亿美元的风险基金。

日本的风险基金也很发达。20世纪70年代后，日本开始实施中小企业现代化政策，进一步提出了中小企业要实现知识密集化、高技术化的政策，同时鼓励政府金融机构向新兴的高技术型中小企业提供"风险投资"。

英国则成立了由100多家从事中小企业风险投资的小型金融公司组成的专设"风险资本协会"（BVCA），为高科技"风险企业"提供了大量的资金援助。

德国建立合作投资人模式：针对高科技公司的特殊融资模式，德意志银行的下属机构TBG通过获得作为投资行的参与股权，这时还必须有一个主要投资人注入与TBG一样多的净资产，并负责提高该高科技公司的管理技能。

七、增强小微企业信息互联互通

美国建立了为中小企业技术服务的最完善的技术推广网络：这一网络由制造技术中心和制造技术推广中心组成，遍及全国各地。美国还拥有世界上最发达的企业创新中心（Business Innovation Centre）和高新技术企业孵化器（Business Incubator），造就了一批以微软为代表的新经济时代的关键性骨干企业。建立了高校与中小企业最紧密的技术培训联系。

韩国政府的做法是在总理办公室之下设立负责中小企业工作的部际协调议事机构，该机构并非常设，而是根据工作需要召集会议，开展工作，机制非常灵活。并且在政府官网设立企业信息专区，将散落在各个部门的优惠政策进行集成，中小企业只需登录网站，就可在企业信息专区找到所有扶持政策。

八、加强教育培训，积极鼓励创新

德国针对中小企业主推行远程教育，它针对各层次的人群，如农民、技工、家庭主妇等提供不同的教育，也为他们提供学习深造的机会，以提高他们的职业技术水平及重新选择职业的能力。

在加拿大，如果创新企业在研发方面的投入达到一定比例，就能获得一定比例的税收返还，这个在加拿大很受欢迎。此外，政府还出资帮助企业开发创新产品。比如加拿大NOVO塑料创新公司，加拿大政府就曾于2012年4月斥资975000美元用于其重新配置公司厂房，添置新设备，提

高其制造工艺，帮助其环保创新产品的研发和上架。

韩国特许厅（KIPO）近年来通过申请费用减免、研发战略支援、培育IP明星企业、知识产权融资支持、商业化交易扶持、知识产权诉讼保险、海外知识产权援助、知识产权人才培养等工作，大力鼓励中小企业技术开发、发明创新活动，打造韩国的创新经济。韩国中小企业局（SMBA）执行包括宪法在内的19部法律，针对中小企业初创、成长、结构调整等不同阶段的特点，为中小企业在创业创新方面提供平台、资金、金融、人力、市场、进出口等全面有效的政策支持。

"创造经济"是韩国近些年最着力推行的经济政策。自2014年9月至今，韩国境内17个市、道全部设立了由中央地方两级政府、大型企业以及民间组织合作建立的"创造经济革新中心"，为创新型中小企业提供支援和帮扶。韩国"创造经济革新中心"设立至今，已经提供支援或咨询服务近9000例，通过"创造经济革新中心"支援产出的新产品接近3000种，到2017年，将培养10万家中小型出口企业和400家出口额达1亿美元的企业。

韩国在促进中小企业创新方面主要有9项措施。一是对个体发明人或小型企业专利申请费、审查费、注册费减免70%。二是政府专家团体对中小企业在开始研发或引进新技术前进行判断审定，避免重复投资造成浪费。三是培育IP明星企业，针对初创、成长和成熟阶段，因企施策，提供个性化服务。四是设立区域知识产权服务中心，为当地企业提供相关咨询服务。五是金融支持，从2013年开始，韩国产业银行、发展银行每年提供50亿韩元的资金支持，中小企业凭借特许厅的评估报告可以向银行申请贷款。六是设立网上知识产权交易平台，促进知识产权成果转化。七是为中小企业提供知识产权诉讼费用保险。八是设立海外知识产权服务中心，为韩国企业走出去提供知识产权服务。九是开展线上线下教育，为中小企业培养知识产权专门人才。

第六章　市场监管创新主要国际关注

随着我国改革开放的逐步深入，社会主义市场经济建设取得长足进步，社会经济体制发生深刻变革，以"重准入，轻监管"为特点的传统的市场监管方式已经无法满足服务现阶段经济社会发展，确保市场健康有序发展的需要。在经济发展进入新常态，党中央国务院大力倡导"大众创业、万众创新"，持续推进我国的商事制度改革，力求最大化释放体制改革红利，培育经济增长新动能的大背景下，树立正确监管理念、创新市场监管体制机制凸显出前所未有的重要性及紧迫性。

党的十八届三中全会以来，习近平总书记多次阐述，重点强调要建设一个竞争开放、统一有序的市场体系："政府要保持宏观经济稳定，加强和优化公共服务，保障公平竞争，加强市场监管，维护市场秩序。"

社会主义市场经济本质上是法治经济，经济秩序混乱多源于有法不依、违法不究，创新市场监管理念及市场监管体制机制必须坚持法治思维、增强法治观念。2014 年 7 月 23 日，李克强总理主持召开国务院常务会议时表示，企业最怕的就是市场不透明，预期不稳定。政府要吹"明哨"而不能吹"黑哨"，要明确监管规则、创新监管手段，允许自然的优胜劣汰，让市场公平竞争、健康发展。

树立科学有效的市场监管理念及体制机制必须克服执法权力的随意性，坚持监管服务不扰民。李克强总理指出，有些地方的市场监管过于随意，是"选择性的'管'"，万一查到了塞点"人情钱"就随随便便"放过"

了，今后要坚决杜绝。他强调，不仅要确立平等、公开、透明的监管思想，还要有相应的措施加以保障。要创造公平竞争的市场环境，既要公开"晾晒"进入市场的企业信息，也要加紧"晾晒"政府的权力清单。

创新市场监管理念及体制机制必须秉持简政放权、放管结合、精简前置审批、加强事中事后监管的准绳。2016 年 1 月 13 日，国务院常务会议上李克强总理指出，建立公平公正的市场秩序不靠审批而靠监管，把简政放权、放管结合、优化服务作为推进经济发展的新动力。要通过建立各部门惩戒联动机制，强制约束企业的违法行为，营造公平竞争的市场环境。

2017 年 1 月 4 日，李克强总理主持召开国务院常务会议审议通过"十三五"市场监管规划，提出要依法依规加强和改善市场监管，打造统一开放大市场和竞争有序的营商环境，构建以法治为基础、企业自律和社会共治为支撑的市场监管新格局。

第一节　市场监管模式对比研究

国外市场监管模式归结起来主要有三种：以自律组织为重心的自律型监管模式、以政府主导监管为核心的集中型监管模式、以政府监管和自律管理相结合的中间型监管模式。

一、自律型市场监管模式

自律型监管体现为满足市场参与者的利益，从某种意义上说，其主观上隐含着潜在的自利目标，在客观上达到了维护市场公平与秩序的效果。自律型监管由于自律组织的专业性和行业本身的自律机制产生的作用，更有利于克服市场发展中的不足，其效率往往比集中型监管更高。

自律型监管体现"大市场、小政府"的特点，监管机制随市场发展不断演进、逐步完善。自律型监管模式一般由自由市场经济国家采用，政府主要通过市场机制影响经济过程。现代意义的政府监管始于 19 世纪末期的美国。自 1887 年美国第一个联邦级的独立监管机构产生以来，监管机构在美国经济运行和社会发展中的地位和作用不断演进，监管范围扩大，在市场发展的基础上逐步完善。监管的重点逐步从经济性监管过渡到社会性监管，建立了美国现在的现代监管体系，监管的效率不断提高，推动了美国成为最发达的现代市场经济国家。自律型市场监管体制呈现以下几个特点：

（一）顺应市场需要设立市场监管部门

自律型市场监管部门的设立是因应经济发展的需要而产生的。如在经济发展过程中某一行为无法受到有效调整而又损害了社会利益，政府就会专门针对这一问题设立专门的机构进行监管，如针对产品标准和产品安全问题，就专门成立了消费者产品安全保护委员会，由于这种市场监管部门主要是针对某一经济发展中的监管盲区而设立，因此其工作目标明确，部门分工明晰，监管效率明显。

（二）市场监管的主导力量是行业协会

行业协会在自律型市场监管中扮演重要的角色，而司法部门与行政执法部门次之。这也是自律型监管国家"大市场、小政府"市场经济体制在市场监管模式上的表现。行业协会不仅数量众多而且力量强大，在行业准入、行业标准制定、违背行业规范的惩罚、行业竞争秩序的维护等方面都发挥着重要的监管作用；而行政执法部门相对而言不仅机构很少，而且监管的领域也相当有限。这样一种以民间为主的市场监管模式与该经济体国民的政府观、公民强烈的自治意识和能力是相一致的。国民认为赋予政府过多的权力将制约社会的活力和为政府官员寻租提供条件。国民的自治意识强烈，自治能力强，愿意组建自治的非政府组织管理社会。

（三）政府对市场监管采取宽严并济

所谓的"宽"就是政府在制定政策和实施管理的过程中，以不限制或

妨碍正常和有效的市场竞争为前提，而且政策的重要目标之一就是充分调动和激发市场机制的能动作用，保证市场机制调节功能最大限度的发挥，这在反垄断、反不正当竞争等法律中有充分体现。政府的重要职能是为市场主体创造和提供最为适宜的市场竞争环境和保障竞争的正常展开，对正常的市场竞争采取自由放任的态度，不去直接参与和介入，以保持市场的生机、活力和流动性。

所谓的"严"则体现在政府对市场主体违法行为的态度和措施上。对大企业的垄断行为、偷税行为和侵害消费者权益的行为，惩罚都是极为严厉的，从而在法律的震慑下，使违法者不敢轻举妄动。这种宽严相济的管理方式，使政府的宏观调控机制和市场调节机制达到了密切结合和相互调整的效果，在这种双重机制的协力作用下，使市场真正达到了活而不乱的境界。

二、集中型市场监管模式

集中型监管体现在满足公众利益，确保市场的公平、公正与秩序。这种模式是政府主导市场，从引导市场发展，到各种产业政策的制定施行，再到市场经营秩序的维护，政府都起到巨大作用。由于政府的主导性使得市场监管游离于市场竞争之外，从而能够更加有效地行使市场监管职能，保证裁判的客观性和公正性。

集中型市场监管体现高度的政府参与、市场主体自我约束特征。集中型市场监管国家的经济运行模式被称为政府主导型市场经济模式或行政导向型市场经济模式。这种经济运行模式最大的特点是具有更高程度的政府参与特征。因此，在其市场监管体系中也在很大程度上体现出政府主导的特点。此种模式以日本较为典型。

（一）政府在市场监管中扮演重要角色

日本监管政策的权力主要集中于各政府内阁部门，内阁部门不与独立的监管机构分享权力。各政府主管部门都极力保护和扩张自己部门的管理权限，防止管辖权被其他部门侵犯，这种集权式的政府部门同时作为监管机构的模式是与日本政府官僚权力集中化的组织制度相融合的。

（二）具有较为固定的交易规则和流通制度

日本的企业制度和流通体系是维系市场秩序的基础。日本的企业制度与其他西方国家，特别是美国不同，对于企业间的联合、兼并等有碍充分竞争和导致垄断行为的法律和行政约束并不很严，企业间相互持股的现象极为普遍，加之各大银行竞相介入，形成了日本企业间及企业与银行间的你中有我、我中有你的环状持股形态，在这种企业相互持股的链条中，企业关系构成了一损俱损、一荣俱荣的格局。第二次世界大战后，日本很多大垄断企业逐步建立起自己的流通体系，各体系内部及各体系之间都形成了较为固定的交易规则和流通制度，这是日本市场秩序的一个重要方面和表现形式。

（三）通过立法调控强化自我管理

日本通过立法，实现对市场秩序的有效调控和管理。日本的法律体系较完善，法律涉及市场行为的方方面面，任何从事生产经营的活动都有其相应的法律规范要求，法律的刚性和可操作性强。日本成熟的市场经济体制以及注重抓源头的做法，促使市场主体普遍具有自觉守法经营、诚信经营的良好素质，生产环节自我规范管理意识强，流通环节很少发生侵害消费者权益等违法行为。企业基本上靠自我管理，政府部门很少监管。

三、中间型监管模式

中间型监管模式是以政府为主导，行业组织参与市场管理。政府监管与自律管理相结合模式体现在市场参与者利益与公众利益两者兼顾。政府监管与自律管理相结合的监管既能保证政府在"面"上的监管，又能体现行业组织对"点"上的管理，从而使监管的效率得到明显提高，因此，其在市场监管中具有较高的行政效率和更广泛的适用范围，当前欧盟国家普遍采用这一监管模式。

中间型监管体现"自由＋秩序"，强调"社会公正"。中间型监管的市场经济模式具有很大的包容性。中间型监管国家的经济制度已经发展成为社会市场经济体制，表现为既反对经济上的自由放任，又反对把经济统紧管死，将个人自由创造与社会进步的原则结合起来，国家在规定市场活动的框架条件下进行调节，尽可能广泛地实现经济发展。

德国即是采取此种模式。德国的市场监管模式体现"自由＋秩序"，强调"社会公正"。德国的市场经济模式具有很大的包容性。第二次世界大战之后，德国的经济制度已经发展成为社会市场经济体制，表现为既反对经济上的自由放任，又反对把经济统紧管死，将个人自由创造与社会进步的原则结合起来，国家在规定市场活动的框架条件下进行调节，尽可能广泛地实现经济发展。其特点表现为：实现对关键行业以参股的方式实行控制。德国并不像美国那样奉行自由主义，德国的市场监管实现了对关键行业以参股的方式实行控制。在对国民经济至关重要的行业，如能源、交通、金融等领域，德国通过参股进行控制和支持，没有使竞争过度化。在劳动力市场监管和消费者保护上，德国市场监管很好地保护了劳动者和消费者的权益，成为了社会市场经济的重要特征，也有力地促进了社会的稳定。

德国发达的市场监管体系不是一蹴而就的，也不是照搬照抄其他国家市场监管而形成的，德国市场监管体系形成过程超过了 100 年才逐渐完善起来。而且德国市场监管制度具有自己的特色，如在反不正当竞争法中的一般条款："行为人在商业交易中以竞争为目的而违反善良风俗，可向其请求停止行为和损害赔偿。"这一条款既保证了法律的稳定性，又能克服制定法所具有的封闭性和僵硬的局限性，使得法律能够灵活地适用于市场经济情况的变化，同时还体现了德意志民族对实质正义、公平和道德的重视。

德国式的市场监管体制下，既有政府的主导作用，同时也积极利用行业组织的力量参与市场管理。具体来说，政府更侧重于经济政策和整个市场的调整，而行业组织则侧重于行业市场的管理，"这些行业组织占有了德国工业生产规模的 70%—90%，它们以一种有序的、集中统一的方式组织起来"对行业市场进行管理。

第二节　市场监管理念

　　国际上关于监管理念的讨论主要是围绕建设服务型政府来展开。服务型政府主要是区别于政府大包大揽和以计划指令、行政管制为主要手段的管制型政府模式而提出的一种新型的现代政府治理模式。

　　管制型政府是为适应计划经济的需要而建立，因此对市场和社会的介入无孔不入，政府职能也无限膨胀，职能设置上的不合理使政府管了许多"不该管""管不好""管不了"的事。而服务型政府要求政府职能是有限的，政府要还权于社会、还权于市场，政府主要是做市场和个人不能做、不愿做或做不好的事情，即主要是提供维护性的公共服务和社会性的公共服务。

　　管制型政府向来只从便于自身控制、管理出发，整个社会运行都由政府在主导推动，政府提供什么样的服务，以及怎样提供服务，都是政府独断和一厢情愿的强制性提供，而较少考虑社会公众的愿望和多样化需求，政府与公众是一种命令——服从式的单向关系，公众只能被动地接受政府的管理。而服务型政府则要求政府的施政目标必须首先征得服务对象，即民众的同意。其次，还必须经过一定的民主法定程序，即要公民参与到决策的过程中，由民众和政府通过双向的交流互动，达成一致来决定。

　　服务型政府是一个法治和有效的政府。依法行政是现代政府的一个基本特征，是建立合理的政府与社会、政府与市场、政府与公民关系的前提。宪法是中国的根本大法，只有尊重宪法并按照宪法原则办事，才能在全社会树立政府的权威，确立政府的社会公信力。建立服务型政府，核心是政府必须尊重宪法精神，按宪法原则办事，只有这样，人民才会相信政府，政府服务才能为群众所接受。依法行政是提高党和政府执政

能力的关键环节。

建设服务型政府，使得市场监管服务经济发展，服务市场主体。服务型政府的定位，决定了市场监管是为了服务而生，主要特点有：

一、服务型市场监管与简化监管

美国在凯恩斯时期的政府干预主义所形成的一系列规制体系，已经不能适应经济社会发展，需要重新进行调整。这种规制变化经历了一个深入认识的过程。福特政府时期认为，放松规制有助于降低价格水平。卡特政府建立了规制政策分析评议小组和规制委员会，前者研究改革规制政策对经济可能产生的影响；后者则是总结已有的规制政策，并对正在实施的规制政策和现有的规制政策进行对比分析，以找出不足和提出改进措施。里根政府时期提出了"有深远影响的简化规制计划"。克林顿政府期间，政府放松规制进入到一个新的阶段，主要表现为：通过行政命令要求取消联邦政府内部50%的规制，严格审查要出台的各类规制等。这一时期的一个新特点是对所有规制活动要求进行成本收益分析。克林顿政府期间以放松规制政策为龙头，全面简化规制政策，精简规章制度的规制改革措施推动了经济的发展。

美国政府放松政府规制运动取得了明显的效果：一是通过引入竞争使产品和服务的质量明显提高，价格降低，从而提高了消费者的效用水平，增进了社会福利；二是放松规制使进入市场的新企业增加，提高了企业的竞争意识和活力；三是放松规制企业的效率因资源配置的重新调整和企业行政费用的降低而得到很大改善；四是通过削减规制机构的行政费用，解决了政府的财政危机，进而减轻了额外公共管理国民负担，并且收费水平的降低和服务的多样化也扩大了需求和投资，从而促进了经济增长率的提高。

奥巴马政府上台后也力推政府"简化"运动，目的是简政放权，创新政府的管理模式。在这场美国政府的"简化"运动中，削减政府的规定、框定政府边界显然并不是最重要的内容，如何帮助政府制定的规定更具有针对性，借此提升政府决策的社会效益才是核心内容。

美国是通行普通法系的国家，他们的法律规定通常是在实践操作中自然形成的，因此对于他们来说，削减成文法规模的需求就显得并不那么迫切；相对而言，更接近于大陆法系的中国，自中华人民共和国成立以来，随着政府规模的持续扩大，行政法规和规章的规模也在不断膨胀，加快行政体制改革，就不得不从削减和优化法规、规章入手，并更明确地框定出政府权力的边界。

我们的行政体制改革是要实现政府治理由管理型向服务型、监管型转化，其根本目的同样是促进社会繁荣，提升社会福利水平，在这方面与美国政府的"简化"运动目标是一致的。所以，我们的行政体制改革也不应一味减少政府管理、削减规章规定，而要让政府决策和规定变得更有针对性。

二、服务型市场监管与公平、公开、透明

公开透明是市场监管的底线。公开透明是政府监管的重要方式。1966年和1976年，美国先后制定了两部涉及知情权的重要法律:《信息自由法》和《阳光下的政府法》，明确规定政府信息要公开，公众有了解和取得政府文件的权利等。在政府监管方面，政府行为也充分体现了公开透明的特点:

一是立法公开。在美国国会或地方议会召开辩论会、听证会，乃至批准议案的过程中，凡是该议案涉及的各利益团体都能平等地参与并发表意见。即使议案被国会或地方议会通过后，政府执行部门在制定法规的过程中，公众仍然可以对法规提出质询，有关部门也要逐一答复。美国公众能够参与和监督行政立法过程，体现出较高的立法透明度和公众参与度。

二是执法过程和结果公开。美国政府的行政执法是"以公开为原则，不公开为例外"，最大限度地保障公众的知情权。即便是享有充分特权的警车、消防车等特种车辆在执行公务时，也要接受严格的限制，车上的摄像机和录音机必须处于开启状态、公开摄录执法全过程。除了给警察留下证据，对执法本身也是一种公开监督。

三是以公开保证公平、公正。美国政府之所以不断扩大公众参与和监督立法的权力，努力增强执法透明度，最根本的目的就是要通过公众的参与监督，确保行政机关立法科学和执法公正、公平。

四是以公开促廉政。让权力在阳光下运行，是防止腐败最有效的方法。美国法律规定了公众有权了解政府应当公开的所有文件，有权出席、旁听和观看应当公开的各类行政会议；在规定公开的行政会议上，新闻记者有权出席报道。这种公开，确保了权力的阳光运行，是公众监督政府行政权力的有效手段，也是确保政府清正廉洁的重要措施。

坚持不懈推进阳光政府建设。公开是公民参与监督的必要路径。美国把"透明"作为政府的最低目标，政府的公共行政管理，特别是涉及公众利益的事项，只要不属于国家秘密、商业秘密、个人隐私，都向社会公开，增加透明度，接受公众监督。一是将政府行政管理职能分为决策、执行、监督三部分，在相对分离的基础上，三者相辅相成、相互制约、相互协调。二是推行电子政务建设，增强政府透明度。三是大力推进政务公开，保护公众知情权，坚持"以公开为原则，不公开为例外"，最大限度公开政府信息。在行政管理中，除涉及国家机密、商业机密、个人隐私外，政府应将机构职责、运作程序、服务内容及其他相关内容对外发布，使每个公民都有权获得与自己利益相关的政策信息，并对政府机构实施监督。在制定公共政策时，应通过媒体、网络、听证会等多种形式，广泛听取公众的意见，让公众参加公共决策过程，对决策过程实施监督，使公共决策由隐蔽型走向开放型、由形式的公开转向内容的公开、由结果的公开转向过程的公开，扩大公众的知情权。

三、服务型市场监管与科学监管、不扰民监管

无论是西方成熟的市场经济国家，还是亚洲工业化的赶超型国家，将市场监管的主要目标都设定为实现以"良好的治理（善治）（Good Governance）"为标志的国家治理能力现代化，主要特征包括法治规范、公

平公正、有效且高效、可问责、公开透明、参与和回应。而科学监管，坚持不扰民也是服务型监管的本义所在。

　　欧盟的消费品质量监管统一最高机构是欧洲健康与消费者保护总司，欧盟对于产品安全的监管与其他区域相比是非常严格的，但他们对于产品的监管方式始终强调的是对产品的事后监管以及对消费者权益的保护，政府监管机构从不对产品做进入市场前的把关式的检验。该机构建立的产品安全风险通报系统 RAPEX 是基于成员国对产品风险的确认之后，再将产品风险在整个欧盟层面进行通报并采取措施，并基于此制定未来监管的重点领域。欧盟的监管者强调其在制定规则和标准方面的作用，以此来确保消费者的安全，但作为监管者他们从不对如何达到这些监管标准作具体的要求，更不可能帮助企业来达到这些标准，而只是对是否达到进行监督。通过这种集中统一由单一机构实施监管，且仅注重制定规则和标准方面的作用的监管方式，欧洲健康与消费者保护总司实现了对欧盟成员国境内的消费品及消费者权益的有效监管及将监管扰民尽量降低。

　　日常监管通过双随机抽查实现。"双随机"抽查，形象地说，就是将执法人员和执法对象放在一个平台，像彩票一样摇号，随机确定谁检查谁，但对同一市场主体的抽查一年内不得超过两次。这是欧美等发达国家在市场经济高度繁荣，市场主体基数庞大，增长迅速的环境之下，为使有限的政府监管力量能履行好市场监管职责，维持良好市场秩序所作的监管方式创新。法国率先在本国的农业领域对关系国民食品安全的农民中小企业实行随机抽检式的监管，一旦随机抽检中发现违规行为，将会取消该生产企业的农业补贴，使得企业违法成本高昂，同时因为无法预测的随机抽检方式，使得市场上的生产企业都不能抱有侥幸的心理，否则将要面临严重的后果。这样一方面实现了对市场上大量生产企业的有效约束，另一方面也减少了监管部门对大量守法合规企业的重复执法检查，避免了监管执法扰民的情形，切实做到"良好的治理"有效履职而不扰民。

建立"双随机"抽查机制就是建立随机抽取检查对象、随机选派执法检查人员的"双随机"抽查机制，严格限制监管部门自由裁量权。建立健全市场主体和执法检查人员名录库，通过摇号等方式，从市场主体名录库中随机抽取检查对象，从执法检查人员名录库中随机选派执法检查人员。法国还注重抽查的电子化手段，对"双随机"抽查做到全程留痕，实现责任可追溯。为提高综合执法效率，还应发挥执法指挥平台作用，整合各类投诉举报、在线监测、日常巡查信息，研判后快速处置，将综合执法队伍打造成一支"快速反应部队"，提升了执法的精准性和有效性。

四、服务型市场监管与审慎监管

服务型监管就是要实现管与服相结合，两者相辅相成。对快速发展的新产业、新业态应采取什么样的监管模式备受关注。包容创新的审慎监管是不少国家正在探索的监管模式，即新模式要本着鼓励创新的原则，探索适合新产业特点和发展要求的审慎监管方式，使市场包容有序、充满活力，也要适应新动能加速成长的需要，对新产业、新业态采取既具弹性又有规范的管理措施。

审慎性监管原则起源于美国。美国联邦存款保险机构在 20 世纪 90 年代初期遭受了超过 1000 亿美元的巨额损失之后得出的惨痛教训。联邦存款保险公司的建立使存款人放松了对银行的监督。美国银行业的监管机构虽然众多，但是重叠的监管机构不仅没有强化监管，反而纵容了银行越来越多的违规行为。当监管当局认识到"容忍与拖延"导致了更大损失的时候，问题已经积重难返，超过了监管者力所能及。最终美国国会被迫于 1991 年动用 1000 亿美元纳税人的钱注资存款保险公司。作为亡羊补牢的措施，国会同时通过联邦存款保险公司改进法案（FDICIA），以法律形式确立了审慎性监管（prudential regulation）原则。

因此，审慎监管是指监管部门以防范和化解银行业风险为目的，通过制定一系列金融机构必须遵守的周密而谨慎的经营规则，客观评价金融机构的风险状况，并及时进行风险监测、预警和控制的监管模式。

而随着新兴产业的发展，在新旧动能转换的过程中，对新产业的审慎监管，意味着监管必须要有规范，同时也要有一定的灵活度。要监管，但不能"管死"。

政府应该对新产业、新业态履行监管职能，这也是确保经济运行有序、稳定的前提与必要条件。但在这个过程中，任何简单、粗暴都是要不得的。特别是那些打着秩序的旗号，以捍卫既得利益、扼杀新生事物的做法，不仅会断送新产业、新业态，也会"堰塞"住传统业态转型升级的机会。

任何新产业、新业态的勃兴，本身就是从传统产业、传统业态中分蘖而出，二者有着一定的疏离，甚至是背反，并不值得大惊小怪。纵观世界经济潮流，此种推陈出新、新旧交替非常正常，乃是经济社会发展的一种常态。而新产业、新业态之所以能够出现，也正是一个经济体诸要素依然葆有活力的表征。

这其中，不只传统产业、旧动能会有诸多的不适应、不满意，政府也会面临着角色转换、路径更替的问题。也因此，聪明的选择从来不是当头一棒，更不是层层枷锁，而是更积极的互动、更主动的服务以及更灵活的管理策略。如果政府总是从延续旧有的路径依赖，总是喜欢越俎代庖、越界伸手，其结果只能是"管死"。

这些年来蓬勃发展的互联网经济，其实正得益于政府的"审慎监管"。一时看不明白不要紧，一个地方有一些杂乱也不要紧，不妨多看看、多听听、多等等，再判断一种产业、业态是不是符合民众的公共利益，是不是符合国家的总体发展规划。

政府行政的"管"并不是完全体现在高门槛、严准入上，而是应该体现在强力的事中监管以及周到的事后服务上。客观地讲，其实政府监管本身就是一种宽泛意义上的服务。具体包括对市场走向的敏感，对民意的敬畏，以及底线思维、创新思维、服务意识等。而所有这些努力，最终必将

体现在新旧产业的嬗变、新旧动能的转换，并最终服务于经济社会的发展与公共利益的实现。

第三节　市场监管体系

西方政府的市场监管体系是随着各国经济发展的深入而不断进行调整而日臻完善。综观当代发达国家政府的市场监管体系建设的实践，可以归纳出各国市场监管职能变革过程中的一些共同的成功经验。

市场监管是政府管理经济的一种重要职能，它是政府为弥补市场失灵、维护正常的市场秩序，对市场主体及其所从事的市场交易和竞争行为进行的监督和管理。政府对市场监管的主导作用体现在：

一、确立指导性的市场监管目标

政府的市场监管目标是建立和维护良好的市场经济秩序，使市场体系中各类市场主体的行为规范化，并能自觉遵守国家法律、政策以及市场经济中的正常规则和惯例。各国国情不同，市场监管的目标也有差异。

德国：以稳定物价、保持经济增长、国际收支平衡以及充分就业为目标。德国在20世纪50年代以来，一直奉行社会市场经济理论，即强调国家对市场竞争必须制定制度框架并进行适度干预。1967年颁布的《促进稳定与增长法》确定了政府调控市场经济的四大目标：第一，保持价格水平稳定；第二，保持经济适度增长；第三，保持国际收支平衡；第四，保持充分就业。从实际执行情况来看，德国始终把控制市场物价目标放在重要位置，在维护市场竞争机制的同时，也注意到建立社会保障体系，促进了市场经济持续稳定发展。

法国：以优化产业结构，扶持重点产业，禁止和限制不正当竞争为目标。法国长期以来实行市场经济与计划经济相结合的"混合经济"，即以市场经济为基础，把计划当作"市场的调节器"，用来弥补市场机制的缺陷和不足。法国政府对市场监管的目标是：优化国民经济产业结构，扶持重点产业发展，禁止和限制市场上的各种不正当竞争行为。在监管方式上，法国在 20 世纪 70 年代以前注重计划调节和计划目标的监督管理。目前随着计划调节作用的减弱，行政执法监督的力度明显加强。

英国：以维护公平交易，健全市场法律，调整产业结构和充分就业为目标。英国历来是一个君主立宪、高度中央集权的国家，地方上的权力较小。英国政府监管市场的目标主要是：维护市场公平交易，健全商品零售、期货、金融外汇等各类市场的法律，通过发展国有经济调整产业结构，保持充分就业。进入 20 世纪 80 年代后，英国从充分运用财政政策调节市场改而奉行货币主义理论，注重运用货币政策来调节市场。通过间接调控来达到监管市场的目的，很好地配合了执法部门对市场的直接监督管理。

二、设立强有力的市场监管机构

监管机构是现代市场经济的监管主体，是政府监管职能得以有效施行的组织保障。监管机构需要借助其组织职能实现监管目标，根据监管机构职能分离的原则，使决策、执行与监督由不同的部门或人员行使，保持各自的相对独立性，实现相互制衡。

美国：监管机构层次丰富、职能具体，集标准设立、监督和执行于一身，权力极大。最早成立的美国联邦贸易委员会（FTC）主要执行谢尔曼反垄断法、克雷顿法、联邦贸易法等，主要针对各种垄断行为和各种市场欺诈行为，以最大限度保护消费者权益。为进一步打击垄断行为和各种限制商业发展的行为，美国又成立了司法部反垄断办公室，负责计划、发展、执行和诉讼等各项活动，以促进商业经济的发展。随着国际贸易的发展，为减少国际贸易对本国商业活动和消费者权益的消极影响，同时进一步促进国际贸易的发展，美国政府又成立了国际贸易委员会，以打击各种不法行为，如各种反倾销、反行贿行为等，以促进公平有序的国际竞争环境，为

本国企业发展创造良好的竞争条件。

日本：确保监管执法中立和公平，市场监管机构具有独立执行反垄断法的权力。日本政府市场监管职能的实施机构是公平贸易委员会（JFTC）。为了确保市场监管执法时的中立和公平，公平贸易委员会具有独立性。它隶属于首相，独立于内阁，不受任何一个政府部门的指导或监督，而且具有独立执行反垄断法的权力。实施反垄断法是 JFTC 的主要职责，包括实施有关私人垄断、不正当限制贸易、不公平贸易行为、垄断状态的相关法律。此外，JFTC 还负责开展反垄断法的国际合作。日本检查机关不得直接介入不正当竞争行为的处理，必须由公正交易委员会告发，凭公正交易委员会签发的"指定书"和"审查书"，才能对当事人进行搜查、询问。日本的公正交易委员会作为实施《关于禁止私人垄断和确保公正交易的法律》的行政机关，具有行政程序权、行政立法权。

德国：监管机构独立性强，享有广泛的调查权、处置权。市场监管机构的独立性很强，如 1958 年成立的联邦卡特尔局，虽然隶属于联邦经济部，但就其职能而言，是一个独立的联邦执法机构，专门负责执行德国的反垄断法，促进市场竞争的自由和公正。《反对限制竞争法》中明确规定了联邦卡特尔局的独立地位，任何政治或经济因素都不能干扰其独立而广泛的调查权、处置权。

三、"轻准入""重监管"体现效率和安全

西方各国政府在有关市场准入监管职能范围、方式上各不相同，但在市场准入的政策法律体系上基本奉行"宽进严出"的指导思想，即认为市场主体进入市场的门槛标准不宜过高，政府有义务为市场主体提供高效、便捷的服务，而一旦市场主体从事违法经营危害了公平竞争秩序，则要严惩不贷。西方政府通过降低市场准入的门槛、简化审批手续，为各类市场主体提供了更为自由和广阔的发展空间。

1. "轻准入"体现对商事主体的确权而非赋权

德国：登记制度体现对企业独立经济地位及权利的确认和保护。

德国实行自由企业制度，除去原子能、电力、航空的少数法律规定需要特许的领域外，企业的经营范围、经营方式完全由企业自主决定，国家不加干涉。因此，在审查制度上，登记机关的审查只是形式上的审查，即依法审验相关的登记要件是否齐备，就申请中所载要件是否符合法律要求，是否与证明材料相符等形式进行审查，对所提交文件的真实性和合法性并不要求登记注册机关予以把关。

美国以及澳大利亚、新西兰等英美法系国家的市场准入观念认为，从事营利性商业活动是每一个公民天赋的法定权利，无须任何行政部门再以企业登记的程序加以确认和限制。任何有经营能力的公民都可以按照自己的意愿，依法从事经营活动，取得合法收益。认为"是否设立企业、设立何种企业、经营何种项目、如何管理，都成为企业所有者的神圣权利，政府只是对企业的选择予以认可和规范而已"。这些国家的法律制度也多有类似规定。登记机关的登记行为更多体现的是一种责任，而不是权利的行使，表现在实务中则更多体现出一种政府的服务行为。

2. "重监管"体现对商事主体行为的控制和监督

法国：实行强制性商事登记。法国法律强制商人要承担商事登记的义务，要求商人将其应登记事项记载在登记簿上，通过商事登记制度起到非常重要的公示功能、信息披露功能和监督功能。对涉及商事主体的确认标准，各国的规定不同。法国、德国、韩国采取行为标准（即商事主体必须是实施商事行为的人）和职业标准（即商事主体从事的商事行为在时间上要有连续性，以从事该行为为职业）的双标准制。日本采取的是三标准制，即行为标准、职业标准、名义标准（即商事主体应当以自己的名义实施商事行为）。以名义为核心标准。美国则采取四标准制，特点是强调知识标准（即商事主体应当是对交易对象和交易规则有较丰富知识的人）。

四、维护并规范自由、公平、正当的市场竞争秩序

竞争是市场经济的永恒主题。只要存在竞争，不正当竞争也就不可

避免。市场竞争监管就是对不正当市场竞争行为的监管。目前世界绝大多数国家都制定了完善程度及形式不同的关于竞争原则和规范竞争行为的法律，如德国有《反不正当竞争法》，日本有《不正当竞争防止法》，英国有《竞争法》，美国有《联邦贸易委员会法》，韩国有《不正当竞争防止法》等，从而对市场竞争行为进行规范。

1. 规范竞争，以创造完全竞争所需要的条件为取向

美国：世界上最早建立反不正当竞争法律制度的国家。在各发达国家的反不正当竞争立法中，以美国的反托拉斯法最为典型，影响也最大。自1890 年的《谢尔曼反托拉斯法》通过以来已有 100 多年的历史。

《谢尔曼反托拉斯法》由 7 条组成。在第 1 条交易限制中规定，凡限制各州间的交易及与他国的通商活动中的任何协约、合同、共谋行为等，都被视为非法；第 2 条规定禁止各州间的交易及与他国的通商活动中的任何垄断现象、垄断企图以及为达到垄断目的而进行的一切共谋行为。《克莱顿法》是对《谢尔曼法》的修正，主要是针对违反《谢尔曼法》的特殊行为而制定的，该法将以下 4 种行为列为垄断行为加以制止：第一，差别性价格。第二，排他性交易合同。第三，公司间合并。第四，董事互兼。

2. 限制垄断，对垄断企业滥用资源优势的行为进行管制

世界各国均对本国的垄断企业采取了监管措施，并根据不同的垄断性质采取了不同的监管手段。从各国对垄断企业进行监管的实践来看，美国的西奥多·罗斯福作为政府对垄断企业进行监管的开创者，其监管的对象主要是经济垄断，监管手段主要是通过强制拆分现有垄断大企业以引入竞争。

英国：通过政府管理体制改革抑制垄断者的非竞争战略。以撒切尔夫人为首的英国政府为打破国有企业垄断的局面，对政府管理体制进行改革，主要采取了如下措施：一是大量出售原有国有资产，实现国有企业的私有化。主要是通过以下 4 种途径出售国有资产的：（1）通过在股票交易所向社会公众发行股票。英国电信公司、英国煤气公司等基础设施产业的大型国有企业

主要是通过这一途径实现私有化的。（2）将国有企业资产整体出售给一家私人企业，这主要适用于规模较小的国有企业或国有企业的附属企业。（3）将一个国有企业卖给由若干家投资者组成的集团。（4）将国有企业资产卖给企业管理阶层或职工。如英国水路运输集团就是采取这种方式私有化的。

五、突出标准的监管要素进行市场监管

日本：以标准化实施产品质量监管。目前，日本以《消费者保护基本法》为中心，包括中央、地方政府制定的 260 多种法规在内，已经形成了一个比较完备的产品质量监管的法律体系，例如《工业标准化法》《消费者保护基本法》。防止给消费者健康生命造成危害的法律有：《食品卫生法》《农业取缔法》《有关确保饲料安全性及改善质量规则》《药事法》《有关化学物质的审查及制造等规则》《毒物及剧毒物取缔法》《电器用品取缔法》《消费生活用制品安全法》等。

日本的产品质量监管政策与措施主要有：

1. 危害的防止。危害防止的政策性规定对于制定和修改有关医药、食品卫生法、消费生活用品安全法以及规制含有有害物资的消费用品的法律，管理旅游、旅客运输等服务业的法律提供了依据。

2. 计量、规格和标示的合理化。在日本，为防止消费者在计量方面遭致损失，政府采取了系列的防范措施促进了计量的合理化；适应技术的进步和消费生活的提高，政府为商品及服务备齐了适度的标准，并为标准的普及采取了必要的措施，有力地推动了商品质量的改善；政府对商品和劳务制定出有关质量及其他方面完备的标示制度，并采取限制虚伪或夸大标示等必要措施。

3. 确保公正自由竞争。政府采取必要的措施在商品及服务的价格等方面抑制发生不正当地限制公正自由竞争的行为。同时，对于在国民消费生活中极为重要的商品和服务价格的形成，当认为有必要采取认可或其他的措施时，政府都会充分考虑对消费者的影响。

六、健全行业协会组织，发挥行业组织监管作用

世界范围内非政府组织的发展已经成为一种潮流，而行业协会作为一种主要组织形式，在发达国家市场经济中的监管方面发挥着越来越重要的作用。无论是以法国、德国等大陆法系国家为代表的大陆型行业组织，还是以英国、美国等英美法系国家为代表的英美型行业组织，抑或是以日本为代表的中间型行业组织，都基本能够较好地适应市场经济的发展需要，有力地维护了市场契约实施秩序和行业发展秩序。

1. 作为企业代言人、利益维护者和服务者

美国：主体型行业协会的角色功能。美国是典型的自由市场经济国家，其非政府组织数量之大、类型之多是它国望尘莫及的。美国的协会组织都是民间性质的。一方面，它由参加者自愿组织起来，在官方机构注册后展开活动。它们绝大多数是非营利或非政府型组织，只有极少数协会组织是以公司形式经营的。另一方面，美国政府对行业协会基本上不给予干预和资助，但在税收、费用上给予一定程度的减免。

德国：辅助型行业协会的角色功能。在德国经济生活中，行业协会扮演着非常重要的角色。德国的行业协会不仅是各行业利益的忠实代言人、游说者，也是政府制定经济政策时的合作伙伴。作为非官方的会员制组织，各协会因行业不同在规模大小上差别很大。德国行业协会数量众多，几乎每个行业都有协会，但这些协会并非政府部门，只代表行业利益，不承担行业管理任务。德国的行业协会与政府共同担负各自职责，在大范围的法律框架内共同促进社会和经济的协调发展。

日本：政府型行业协会的角色功能。在日本，政府与企业之间的关系在相当程度上取决于政府的主导作用。在这种环境下，行业协会与政府的互动产生出以下的关系特征：民间行业组织受到普遍重视。日本民间行业组织主要从事行业技术咨询、信息服务和为中小企业培训职工。另外，它还在政府与企业之间起中介作用，如在协助政府进行统筹规划、调整企业

结构等方面。

2. 制订行业规范，实施行业组织自律监管

英国：以强制性的自我监管为特色，行业组织地位独立、高度自治。英国的行业组织是独立于政府的民间组织，根据法律制定本行业具体行为规范，即行规，通过自我规范、自我管理，促进本行业健康发展。其特点表现为：

一是一般行业组织自律管理。英国政府对金融业以外的一般行业，由行业自发成立行业组织，进行自律管理。无论是重点行业还是一般行业，其行业组织都是依据法律、行业组织章程及制定的行规来对行业企业进行日常管理。

二是行业组织行为规范管理。行业组织对行业日常经营行为的规范主要体现在：对行业的经营标准提出高于法律规定的标准；接受客户对行业企业的投诉，进行调查并依法律和行规进行处罚，最严重的处罚是将企业开除出行业组织，取消企业的营业资格。政府不直接干预行业组织的管理。

日本：行业组织官助民办，组织严密，内外协调，规制成员的经营活动。日本的行业协会组织共分三种类型：特殊法人、工业会和任意团体。日本几乎所有的企业都参加了一个民间经济团体和协会。日本行业协会的发展特点包括了三个方面：一是依据登记方式进行分类管理。二是存在官助民办类型。日本许多行业协会接受政府各种形式的拨款，对特殊法人，政府基本上实施全额拨款达到其经费比例的30%。三是行业协会彼此地位不等，大协会能与政府建立稳定、经常的对话与磋商机制。

七、加强社会性监管力量，完善市场主体约束机制

西方国家市场监管的一个明显的特点是：在不断放松经济性监管的同时，加强社会性监管职能。除了司法系统、政府的行政执法部门、行业自律组织这三种监管主体外，法律同样赋予了新闻媒体和消费者维权组织作为市场监管主体的权利。

1.英国：媒体对市场的监管极具威力，监管信息系统灵敏高效

作为资本主义市场经济发展历史较长的国家，英国在市场监督管理方面的社会监督体系包括：

（1）公众监督。公众是以公民的身份发言和提出要求来进行监督的。公众包括英国社会不同阶层的成员，公众提出尊重法律的呼声，对企业界、政府施加影响。如消费者可以运用《消费者信誉法》赋予的权利，在其利益受到损害时，向政府部门、各类中介组织及行业自律组织投诉。英国政府十分重视向社会公众宣传市场监管的有关法律，使消费者知道如何保护自己。消费者有较强的自我保护意识，当自身利益受到损害时，一般都会主动投诉。现在，市场监督管理机构和行业自律组织处理的绝大多数案件是由消费者投诉的。

（2）舆论监督。英国许多大报经常在显要位置公布一些经济案件及公众关心的经济问题。对发生的损害消费者利益的行为进行曝光，跟踪报道，对一些违法企业有相当大的震慑作用。报纸的公开报道，使一些违法企业或企业董事长在公众心目中声名狼藉。舆论监督在英国的市场经济中屡屡奏效。

（3）信息系统。英国运用新技术革命带来的成果，建立了大规模的、反应灵敏的、反馈迅速的管理信息系统。如公司署的公司年报信息，全社会都可以通过电脑随时进行查询并掌握。这些信息既为企业科学决策提供服务，又将企业置于社会的监督之下。

2.德国：消费者组织体系化、专业化，服务、维权分工合作

在德国，除法院在审理不正当竞争案件时行使一部分保护消费者权益的职能外，消费者权益保护职责主要由消费者组织承担，德国消费者组织的设立、职能、参与市场监管的特点：层级化、体系化结构，每一层次的行业组织都有相应的活动范围和职能，有机联系构成一个有序的、分工协作的行业组织体系。德国的消费者组织分三个层次：消费者协会、消费者中心、消费者咨询站。此外，还有一定数量的产品检测中心。消费者协会是全国性的消费者组织，作为一个上层管理组织，该协会负责处理全德国境内的消费者权

益纠纷，主要是根据各消费者中心转过来的情况、资料，从消费者的角度监督市场交易行为。消费者中心是地方的消费者组织，一般每州、每直辖市设立一个消费者中心，各消费者中心都是消费者协会的成员。这些消费者中心主要负责解决具体问题，它们一方面为消费者当参谋，出谋划策，指导消费者，另一方面接受消费者的投诉，帮助消费者处理纠纷。消费者中心的下级组织为消费者咨询站，消费者咨询站作为最基层的消费者组织，主要负责为消费者提供咨询，消费者只要来到咨询站，不需要办理任何手续，就可以获得很多有关商品和服务的信息。除消费者中心外，还有一些产品测试中心也是消费者协会的成员，它与上述三个层次的组织一起，负责日常的消费者保护工作，这也是德国消费者保护的一个特色之处。

第四节　国别分析：英国市场监管制度研究

一、英国政府的企业监管制度改革

英国的企业监管制度改革始于 20 世纪 70 年代。近年来，特别是自卡梅伦担任首相以来，改革的步伐和力度不断加大。英国政府希望通过落实"良好监管原则"来推动监管改革，减少行政审批程序，减少政府干预，最大限度为企业减轻负担，进一步促进经济复苏。"良好监管原则"是指政府只有在下列情况下才能采取监管措施来实现政策目标：一是通过自我监管和其他非监管措施未能取得满意结果。二是成本效益分析表明监管措施比其他替代措施更具优势。三是监管的实施适当、一贯、透明、有针对性且责任明确。

1.中央政府设立专门机构负责企业监管改革工作

在商业、创新和技能部（BIS）设立跨部门监管改革工作协调机构。一个是"改善监管实施办公室"，注重从执行层面指导和监督各部门更好地实施监管，对地方监管机构进行工作指导。另一个是"改善监管指导处"，负

责从政策层面研究制定跨部门监管改革政策，发布有关监管改革的指导手册。另外，内阁设立"消减监管委员会"，主要职责是监督中央政府系统企业监管改革的实施，对政府各部门提出的监管措施进行审查批准并做出决定。设立了提供专业技术支撑的"监管政策委员会"，负责从技术角度对政府各部门提出的新监管措施进行独立审核。

2. 对设定和实施监管措施进行管控

一是"增一减二"原则，即如果新设监管措施会给企业增加成本，就必须通过减少或者放松现有监管措施，为企业节省至少两倍以上的成本作为补偿和抵消。二是"微型企业豁免"原则，即英国政府规定，2014 年 3 月 31 日前生效的监管措施，自生效之日起 3 年内对微型企业和筹建阶段的企业豁免适用。三是小微企业影响评估原则，即英国政府规定，2014 年 4 月 1 日后生效的监管措施，政府部门必须就其监管措施对小微企业的影响作出评估，否则不予审查通过。四是统一施行日期原则，即原则上新出台的监管措施应当统一在每年 4 月 6 日或 10 月 1 日生效实施，便于企业对监管环境发生改变的时间点有明确的预期，能统筹考虑做出适应性调整和安排。

3. 明确"增长义务"要求

对监管机构实施严格管理，明确提出"增长义务"要求，即要求承担非经济性监管职责的监管机构在履行监管职责时，必须考虑促进经济增长的因素。

4. 实施 Better Business For All（BBFA）国家工程

BBFA 是由监管者与企业组成的组织，目的就是通过实施该工程，进一步密切监管者和企业的关系，为实施有效监管建立共识，监管者也可以更好地服务于企业，帮助企业发展。

二、英国企业信用监管制度

1. 注重强化企业的主体责任

英国注重强化企业的主体意识、自律意识、责任意识，这是企业信用监管制度最明显的制度设计理念。一是企业重视自身的信用，信用意识已经根深蒂固，守信已经成为一种习惯。同时，许多"百年"企业注重自身信用的积累，也为全社会起到了重要的引领作用。二是先进的制度设计，将企业的主体责任与董事、监事的法定义务有机结合起来。英国《公司法》将依法经营制度的落实确定为董事、秘书的法定职责和义务。企业是诚实守信、合法合规经营的主体。如果这些制度不落实，公司和董事、秘书都将受到经济惩罚或者监禁。

2. 注重利用信用监管和行政执法的有机结合，实现"良好监管"

英国有健全的信用体系，也有完善的市场监管体系，信用和市场监管相辅相成，实现"良好监管"。一是利用大数据分析，根据信用情况决定实施检查的重点和频率。如贸易标准局利用监管大数据分析出各行业的监管风险，根据监管风险点的高低，决定实施检查的方法和频率。对风险点高的（如核电等），实行一月一检查；对风险点一般的行业，实行半年一检查；对风险点很低的行业，不检查，由企业自律。二是信用约束与行政执法有机结合。企业逾期报送年度报告和会计报告将受到公司注册署的经济处罚和红色邮件警示，如果还不报送，将被公司注册署除名，资产收归国有。

3. 注重发挥征信公司的作用

英国政府是市场秩序的监管者，不直接参与征信活动。征信机构由民间投资组成，独立于政府和各类金融机构、商业机构之外，是以营利为目的的商业组织。1830年，世界上第一家征信公司在英国诞生，经过近200年的发展，英国涌现了以益博睿（Experian）信用公司为代表的全球知名征信公司。益博睿信用公司是一家上市公司，也是伦敦富时100指数的构成之一，截至2014年3月31日，公司利润达到了48亿美元。征信公司不仅采集数据、提供信用等级报告，还为顾客提供数据和分析工具，帮助企业管理信用风险、防止欺诈、发现潜在客户和提供消费预警。征信公司的快速发展足以证明英国企业对信用的重视，也促进了英国企业自律。

4.注重发挥行业协会在企业监管中的重要作用

在英国，行业协会是由独立的经营单位组成的，是为保护和增进全体成员合理合法利益的组织。以英国总商业为例，它是完全独立于政府的组织，与政府不是上下级的关系，地方政府是协会的会员。目前，英国的行业协会已成为权威性社会中介机构，在企业管理、沟通政府与企业之间关系、帮助政府了解行业情况、为企业代言和服务等方面发挥着不可替代的重要作用。另外，其在规定行业经营规范、帮助会员处理法律事务、维护会员利益以及协调供应商和消费者之间的关系等方面也扮演着重要角色。

5.注重"宽进""严管"和促进发展的有机结合

英国在制定"宽进""严管"政策时，把不增加企业负担和促进发展作为首要考量因素。一是"宽进"政策名副其实。从市场准入看，英国倡导网上注册和网上报送年度报告和会计报告，并采取了政策引导措施，网上注册和网上报送收费更低（网上注册和网上报送13英镑，纸质报送40英镑）、审批时间更快（网上注册的，24小时内审批；纸质报送的，5个工作日内审批）。从行政审批数量看，英国只保留了极少的行政审批项目，并且都是后置审批，极大降低了企业运行成本，提高了行政审批效能。二是每项"严管"政策又给企业留有机会。贸易标准局在执法过程中，尽管执法人员有一定的自由裁量权，可以关停、罚款、限改和警告，但实际执法中会首先综合考虑企业的发展、就业和环境保护等方面因素，审慎使用关停措施。上述两项政策，在2015年英国政府企业监管改革的目标中得以充分体现：进一步减轻了企业10亿英镑的负担，创造更加自由的商业环境，提供更多的就业机会；不断改进，力争到2020年成为欧盟营商环境最好的国家；继续支持小微企业发展；继续加强与欧盟政策的融合，与欧盟保持一致，为企业公平竞争创造良好的市场环境。

第五节　市场监管机构

国际上关于市场监管机构模式的选择主要有两种：集中型综合执法模式和分散型专业执法模式。国外对市场监管机构的设置没有通行做法。以知识产权领域为例，世界知识产权组织 189 个成员国的知识产权机构中，实行专利、商标、版权三合一设置的有 84 个，实行专利、商标二合一设置的有 99 个，分散设置的有 6 个。

即使是同一国家，也有不少历经多次机构改革，从合到并，从并到分。比如，韩国原本将消费者保护职能设置在财政经济部，2010 年改革时，将该职能并入韩国公平交易委员会，即将竞争和消费者保护职能并入同一机构，实行大市场监管模式。又比如，巴西 2012 年改革时将原本分散在三个部门的反垄断执法机关合为一家，即将原先财政部下设的经济监管秘书处、司法部下设的经济法律秘书处、巴西经济保护委员会合并为一家，即现在统一执法的经济保护委员会。

一、集中式综合执法模式评析

（一）执法范围的综合性

与分散执法模式相比较，综合执法的业务内容范围更为广泛。在综合执法模式下，可将本机构权限范围内的所有管理内容一并纳入综合执法内容中，综合执法是提高执法效能、节约行政成本的有效途径之一。而在分散执法模式下，执法部门作为执法主体只能开展本部门业务的执法活动，执法工作范围狭窄，不利于高效能执法活动的开展。

（二）实施主体的灵活性

综合执法活动可以根据本机构以及各业务职能部门的工作实际，选择一个或两个部门协调安排各业务内容，组织实施执法活动，确保执法活动的合法性和合理性。与分散执法模式相比较，其灵活的实施主体能更有效地适应

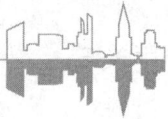

多变的工作需求，机动性强，能够快速、简洁地解决问题，实现高效能执法。

（三）执法人员的复合性

综合执法模式要求整合内部各执法职能部门的执法资源，形成复合型执法人才队伍。所谓复合型人才是指具备专业知识和文化教养，具有多种能力和发展潜能，以及和谐发展的个性和创造性的人才，俗称一专多能的人才。在执法人才队伍中，复合型执法人才是指综合执法人员能够熟练掌握，并能独立承担执法职能，具备较高执法能力的人员。简单说就是每个执法人员都能独立承担不同类业务的执法工作。这在无形中就大大增加了执法的难度，不再局限于分散执法模式下只有某类执法职能部门的工作人员才能够掌握并独立胜任本部门业务执法工作的情况。

（四）执法程序的特殊性

综合执法程序以"依法执法、公正透明、精简效能"为基本原则，包括综合执法检查程序和综合执法行政处罚程序两个环节。综合执法活动范围的综合性及人员复合型的特征要求：一是程序在方式、过程、步骤、时限等方面的设计必须能够有效协调并兼顾各执法内容，确保不同执法内容均得到实现；二是要合理分配执法人员，设置人员互补机制，优化组合，确保每一位执法人员的价值实现最大化。如果不能科学设置操作程序，综合执法也就浮于形式，反而使执法效率大大下降。

二、分散型专业执法模式评析

（一）在一定程度上避免权力过于集中并提高行政效率，但也存在职能交叉问题

美国的反垄断执法任务分别由反托拉斯局（AD）和联邦贸易委员会（FTC）承担。反托拉斯局是在反托拉斯及相关事务方面代表政府从事管理活动的专门法律机构，负责《谢尔曼法》《克莱顿法》和除《联邦贸易委员会法》以外的其他一切反托拉斯法的执法工作。其主要职责是对垄断事件进行调查，并根据调查结果作出判断，决定是否向普通法院提起诉讼。由

于美国的反托拉斯法规定垄断行为的责任分为民事责任和刑事责任，所以在民事诉讼中，反托拉斯局的身份是原告，而在刑事诉讼中则又扮演检察官的角色。反托拉斯局隶属于司法部，局长由助理司法部长担任。

联邦贸易委员会根据《联邦贸易委员会法》设立，由5名委员组成，任期7年。FTC独立于政府，只对国会负责。委员由参议院推荐、总统提名、国会批准后再由总统任命。5名委员中属于任何一个党派的人数均不得超过3人，在任期内除委员因自身懈怠、受贿、渎职等原因外不得免职。委员在任职期内必须专职从事反托拉斯工作，不得在其他任何政府部门或公司企业内兼职或自营实业。联邦贸易委员会下设竞争处、经济处和消费者保护处。竞争处由法学家组成，负责反托拉斯法的执行并收集情报，对被指控的案件提起诉讼。经济处由经济学家组成，对被指控案件进行经济和政策分析，为竞争处提供经济和政策的分析意见和对案件的处理建议。

为了减少摩擦，司法部和联邦贸易委员会曾在1948年达成一个备忘录。即双方一致同意，在一方反对反托拉斯调查之前，需通告另一方，以避免管辖权的冲突或民事诉讼冲突。此外，这两个机构还设置了"联络官"，负责疏通双方之间的关系。这种疏通除了发生在一方对限制竞争案件的调查之前，也会发生在一方对某个行业的竞争环境进行调查之前。一方通告另一方之后，如果对方没有异议，那就是得到了对方的认可（clearance）。如果一方在没有得到对方认可的情况下就开始调查，那么两个机构之间的矛盾就不可避免。如果出现了这种情况，根据备忘录，首先是由反托拉斯局一位副局长和联邦贸易委员会竞争局的局长进行协商。如果不能达成协议，便由反托拉斯局的局长和联邦贸易委员会主席出面协商。此外，反托拉斯局局长和联邦贸易委员会主席还定期举行会议，协调两个机构在执法中的问题。

然而，尽管有联络官这一机制，两个机构在执法中仍然存在着管辖权的冲突。例如，当事人依据《谢尔曼法》将一个案件向司法部反托拉斯局通告之后，他还可能依据《联邦贸易委员会法》的第5条向联邦贸易委员

会进行通告。在这种情况下，根据两个机构之间的备忘录，它们就应当通过协商决定，看哪个机构对这一特定行业或这一特定限制竞争行为更有实践经验。两个机构在划分管辖权方面基本上有一个标准，这个标准就是两个机构的专家各自在某些领域的执法经验。一般来说，司法部反托拉斯局负责处理计算机软件、金融服务、媒体和娱乐以及电信市场的竞争问题，联邦贸易委员会处理汽车和卡车、计算机硬件、能源、医疗、药品制造和生物技术等领域的反竞争行为。

美国双头反垄断执法机关已有百年历史，有人认为，多元执法成本高，效率低；但是也有人认为，多个机关可以避免权力过于集中，可以相互牵制，并且隐含相互的办案竞争，也符合美国人的分权心理，有利于提高办案效率。

（二）实现专业化监管并从形式上实现全过程监管，但是容易导致边界不清

市场监管体制中，每一名执法人员都要面对不同的监管执法知识、能力要求。而从理论和实践上看，执法人员很难对市场监管的方方面面都很精通。每个领域都有其特有的执法理念、执法体制、执法依据、执法程序，甚至是名称标识、法律文书。专业化监管能有效应对不同领域的专业问题，实现各个环节和各个部门监管专业化、专门化，提高监管的专业化水平。

此外，分散型专业化监管模式，在一定程度上解决了监管力量与监管需求不匹配的问题，至少在形式上能够实现对市场主体经营行为的全过程监管。

但是对同一公共事物的跨部门协同监管必然会出现协同不力的诸多问题，边界不清便是其中之一。再加上分环节监管对于具体职责确权在标准体系、风险管理、行为机关、行政处罚等诸多方面存在不能厘清的问题，而且也容易造成监管原则、制度、方法、行为等不一致现象，从而导致监管的交叉混乱。

（三）垂直管理与属地管理评析

垂直管理模式是指由上级监管部门管辖，"人、财、物"和工作均由上级监管部门负责的体制模式。属地管理模式是指由同级（各州）政府管辖，即所谓的"人、财、物"和工作均由本级政府负责。

美国、俄罗斯等国家都采取垂直管理模式。俄罗斯联邦反垄断局在全国设有 75 个分支机构，都由俄罗斯联邦反垄断局直接管理。美国联邦贸易委员会在全国设有 7 个地区办公室，也是直接隶属于美国联邦贸易委员会。但是也有不少国家采取的是属地管理，如南非的竞争委员会在各地没有分支机构，只有总部机关。

属地管理的优势在于方便权责对应。而垂直管理模式的优势在于能够有效解决监管的驱动力问题。地方政府除了需要对本地区的市场秩序和安全负责外，还承担经济发展、社会稳定、地区建设、环境优化等很多公共管理职责。所以地方政府存在驱动力不足的情形，在多项政府绩效评估指标中，优先完成能够彰显政绩的经济增长、财政税收、就业等指标，就会把市场监管放在后面。

第六节　特殊领域市场监管

一、网络搜索与广告监管问题

（一）搜索引擎付费排名的法律定性

准确的法律定性是预见性产生的基础，预见性是法律功效发挥的必要条件。美国联邦贸易委员会虽未对涉嫌违规的搜索引擎提起正式诉讼，但其在指南中认定付费排名属于广告，意味着付费排名信息如存在误导或者欺骗，搜索引擎企业将要承担《联邦贸易委员会法》关于虚假广告的法律责任。从美国有关虚假广告巨额判罚的判例来看，搜索引擎企业不难掂量

出其中的分量。欧盟法院和澳大利亚联邦高等法院的判决认定搜索引擎服务属于"信息社会服务"，搜索引擎企业是"信息中介和传播管道"，意味着搜索引擎企业在明知广告商虚假陈述仍提供付费排名服务时，将承担法律责任。有了明确的法律定性，监管和治理才能师出有名；如果法律定性姜身未明，搜索引擎就容易钻法律空子。当然，各国有不同的国情，从美国、欧盟、澳大利亚的经验看，对搜索引擎的定性应当结合本国的法律制度、先例、民情，以及搜索行业发展的特点。

（二）保护消费者合法权益、维护公平竞争和促进搜索行业健康发展是监管的目的

美国、欧盟、澳大利亚都将监管基点放在付费排名结果是否误导或者欺骗消费者上，将保护消费者合法权益作为监管的出发点和归宿点。同时，由于广告商利用付费排名推广其含有虚假陈述内容的链接，将获得不公平的竞争优势，美国、欧盟、澳大利亚均把维护公平竞争的市场秩序作为加强对搜索引擎监管的目的之一。最后，三个国家和地区都把促进搜索行业健康发展作为监管的重要目的，在强调保护消费者权益和维护公平竞争的同时，都认同应留给搜索行业一定的灵活性，不能管得太死，从而影响技术创新。

（三）保障消费者知情权是对搜索引擎付费排名进行有效治理的重要手段

消费者受付费排名虚假广告的误导和欺骗，一个重要的原因是信息不对称。美国联邦贸易委员会认为，对广告进行清晰明确的披露是确保消费者在使用搜索引擎时不受误导欺骗的关键。该委员会2002年和2013年发布的两次指南均着重围绕为何要进行披露和如何披露展开。联邦贸易委员会认为，披露的核心是搜索引擎采取措施，将广告与自然搜索结果明显区分开来，并详细列举了多种区分手段。美国消费者联盟则更进一步，建议搜索引擎披露广告商名单、排名算法和提供免责声明等。联邦贸易委员会还指出，随着终端设备和搜索技术的进步，披露的手段也应当与时俱进，

如在通过语音助手技术搜索的情况下，对付费排名应提供语音披露。

（四）更好地发挥政府作用，积极推进社会共治是实现有效监管的良好保障

信息时代，搜索引擎行业发展十分迅速，综合搜索、百科搜索、专业搜索、垂直搜索等各种类型层出不穷，参与付费推广的广告商数量众多，推广信息多如牛毛，瞬息万变，仅依靠政府一家监管，难度极大。从美国、欧盟和澳大利亚的经验看，应当综合发挥行政、司法、社会组织、行业、企业各方作用。政府部门身怀利器而不轻易使用，注意利用行政指导实现"软监管"，注意使用借力方式实现"聪明"监管；司法机构通过民事诉讼和公益诉讼裁判，厘清法律问题，划清合法与非法的界限；消费者保护组织积极为消费者发声，向政府提出政策建议；搜索企业行业组织发挥政府与企业、消费者与企业之间的缓冲器，在维护行业利益的同时加强行业自律；搜索企业在政府、消费者、行业组织等监督下加强自治，增强社会责任。虽然社会共治不能彻底解决付费排名的所有问题，但可以减少消费者权益受到严重侵害的概率，防止压力集中在政府部门一家身上，有利于提高监管的效率。

二、互联网金融监管研究

（一）互联网金融的四种基本业态

根据性质不同，目前存在四种独立的互联网金融业态：

一是传统金融业务互联网化。这主要是传统商业银行的网络化，券商交易业务的电子化，保险、资产管理等业务的信息化升级，以余额宝为代表的互联网理财产品，本质上就是传统货币市场基金销售渠道的网络化。

二是基于互联网的金融支付体系。第三方支付、移动支付在移动互联网和智能终端的支持下迅猛发展起来。如中国的支付宝、美国的 PayPal、DigitalGoods 等，是支付体系与互联网的融合，也是互联网金融中的"基础设施"。

三是互联网信用业务。包括网络存款、贷款、众筹等。网络存贷款最主要的业务就是P2P，通过网络贷款平台，资金需求和供给双方在互联网上完成资金融通，它完全脱离传统商业银行，是脱媒的典型表现。众筹则是集中平台上众多参与者的资金，为小企业或个人提供资金支持。

四是网络虚拟货币，最典型的代表就是比特币。网络虚拟货币存在与真实货币转换的可能性，将使得互联网金融与传统货币政策框架交织在一起。

（二）各国互联网金融的发展情况

从全球范围看，结合互联网高效性、规模化、普惠性的优势，实现金融资源更有效的配置已是大势所趋，但各国的发展路径略有不同，也就形成了不同的互联网金融生态。

1.美国传统金融业通过自发地与互联网结合巩固了地位，独立的互联网金融业态对市场冲击有限

美国的传统金融体系经过长期发展，产品和服务较为完善，而且金融机构自互联网诞生之初就开始了自发的信息化升级，金融的互联网化整体上巩固了传统金融机构的地位。例如，美国信用卡市场较为成熟，2012年人均持有1.2张信用卡，其方便快捷的特征抑制了第三方支付的发展。同时，银行业积极推动自主创新，信用卡的移动支付、手机银行等业务在2012年增速分别达到24%和20%，这不但没有冲击银行的地位，反而提高了传统业务的覆盖率。在强大的传统金融体系下，独立的互联网金融企业生存空间较小，只能在传统企业涉及不到的新领域里发展。

2.日本是由网络公司主导互联网金融变革的典型

与美国不同，日本的互联网金融由网络企业主导，并形成了以日本最大的电子商务平台乐天为代表的，涵盖银行、保险、券商等全金融服务的互联网金融企业集团。乐天公司是于1997年成立的电子商务企业，它于2005年通过收购建立了乐天证券，开始打造互联网金融业务。利用其规模巨大的电商客户群，乐天证券建立当年就成为日本开户数第三的券商。当前，该公司是稳居日本第二位的网络券商，主营业务涵盖股票、信托、债

券、期货、外汇等。由于其电商平台 7 成交易都是通过信用卡来支付，乐天 2005 年开始进入信用卡行业，利用其消费记录作为授信依据。2009 年，乐天又开办网络银行，目前乐天银行是日本最大的网络银行。2012 年，乐天金融贡献了 1564 亿日元的营收，占该集团总收入的 30%。

3. 英国 P2P 借贷发展迅速

英国是 P2P 借贷的发源地，全球第一家提供 P2P 金融信息服务的公司始于 2005 年 3 月英国伦敦的一家名为 Zopa 的网站。Zopa 网贷平台为不同风险水平的资金需求者匹配适合的资金借出方，而资金借出方以自身贷款利率参与竞标，利率低者胜出。而这一信贷模式凭借其高效便捷的操作方式和个性化的利率定价机制常常使借贷双方共同获益。至此之后，Zopa 得到市场的广泛关注和认可，其模式迅速在世界各国复制和传播。2008 年金融危机爆发后，主导信贷市场的大银行都提高了资本金充足率，对中小微企业的服务不足。在此背景下，英国 P2P 借贷，以及众筹等互联网金融发展迅猛，为解决小微企业及个人创业者融资难题发挥了较大作用。

4. 法国第三方支付与众筹市场高速增长

法国的互联网金融业以第三方支付、众筹、在线理财、网上交易所、小额信贷等服务类型为代表。在第三方支付方面，PayPal 在法国占据 48% 的市场份额，为此，法国巴黎银行、兴业银行和邮政银行于 2013 年 9 月共同研发了新型支付方式以争夺在线支付市场；在 P2P 信贷领域，法国仍处于起步阶段，有营利和非营利两种模式，其中非营利模式的代表是 Babyloan，用户可以选择感兴趣的项目或个人进行公益投资，贷款人不收取利息；在众筹方面，法国起步较晚，但发展很快，2013 年法国境内通过众筹平台共筹集了 8000 亿欧元，相比 2012 年翻了一倍。

5. 德国的 P2P 借贷有不同的风险承担模式

德国的 P2P 网络借贷处于发展初期，目前该市场主要由 Auxmoney 和 Smava 两家公司垄断，它们均成立于 2007 年。德国的 P2P 公司普遍都不承担信用风险。在 Auxmoney 平台上，由贷款人承担所有风险；而在 Smava 平

台上，贷款人可采用两种方式规避风险：一是委托 Smava 将不良贷款出售给专业收账公司，通常可收回 15%—20% 的本金；二是同类贷款人共同出资成立资金池来分担损失。第三方支付在德国发展较快，2011 年德国网上支付金额占全国商品零售额的 7%，其中 31% 的交易是借助第三方支付完成的。德国的众筹融资尚在起步阶段，规模几乎可以忽略不计。

（三）国际上互联网金融的监管经验

1.国际上普遍将互联网金融纳入现有监管框架

作为新生事物，互联网金融监管在全世界都面临挑战。国际上普遍认为互联网金融是传统金融业务信息化的产物，重在渠道的升级，而非产品与内涵的创新，因此互联网金融并未改变金融的本质，从功能上来看仍脱离不了支付、金融产品销售、融资、投资的范畴，既然作为金融业务，就理应接受监管。同时，由于国外成熟市场对各类金融业务的监管体制较为健全和完善，体系内各种法律法规之间互相配合协调，能大体涵盖互联网金融新形式，不存在明显的监管空白。因此国际上普遍的做法是，将互联网金融纳入现有监管框架，不改变基本的监管原则。例如，美国证监会对P2P 贷款公司实行注册制管理，对信用登记、额度实施评估和管控。英国从 2014 年 4 月起，将 P2P、众筹等业务纳入金融行为监管局（FCA）的监管范畴，德国、法国则要求参与信贷业务的互联网金融机构需获得传统信贷机构牌照。

2.注重行为监管，根据业务的实际性质，归口相应部门进行监管

互联网金融业务交叉广、参与主体来源复杂，以往侧重市场准入的机构监管模式难以完全满足监管需求，因此国际上的普遍做法是，针对不同类型的互联网金融业务，按照其业务行为的性质、功能和潜在影响，来确定相应的监管部门以及适用的监管规则。美国、意大利、西班牙将互联网融资分为股权、借贷两种模式，分别由金融市场监管机构、银行监管机构实施监管。法国根据众筹机构是否同时从事支付和信贷发放，来确定负责监管支付行为的金融审慎监管局是否参与。

3. 根据互联网金融的发展形势及时调整和完善法律法规体系

在将互联网金融纳入现有监管体系的同时，世界各国也在根据形势发展，不断创新监管理念，针对互联网金融出现后可能出现的监管漏洞，通过立法、补充细则等手段，延伸和扩充现有监管法规体系。例如，美国、澳大利亚、意大利通过立法给予众筹合法地位，美国、法国已拟定众筹管理细则。英国金融行为监管局在正式接受互联网金融监管的同时，配套推出涵盖众筹、P2P等产品的一揽子监管细则。加拿大计划启动《反洗钱和恐怖活动资助法》修订工作，打击利用网络虚拟货币从事洗钱和恐怖融资活动等内容。目前多数发达国家已将虚拟货币纳入反洗钱监管体系。

4. 行业自律标准与企业内控流程相互补充

在行政监管的同时，各国也在积极发展各类互联网金融的行业自律监管组织。国际上，很多行业协会通过制定行业标准、推动同业监督、规范引导行业发展。英国三大P2P平台就建立了全球第一家小额贷款行业协会，美、英、法等国积极推动成立众筹协会，制定自律规范。很多企业本身也通过制定企业内部监管规定、规范交易手续、监控交易过程，实施自我监管。如澳大利亚众筹网站ASSOB注重筹资流程管理，为长期安全运行发挥了关键作用。

5. 充分结合征信体系，促进信息双向沟通

美国、英国利用三家市场化的征信公司建立了完整的征信体系，可提供准确的信用记录，实现机构与客户间对称、双向的信息获取，如美国P2P平台LendingClub与多家银行实现征信数据共享，将客户信用等级与系统中的信用评分挂钩。德国、法国则发挥政府主导征信体系的权威性和完备性，大大减小了市场的违约风险。

附件 市场监管领域国际规则一览

附件一 商标法新加坡条约

1994 年 10 月，世界知识产权组织（WIPO）在日内瓦主持召开外交会议并签署《商标法条约》（TLT），目的是制定统一的国际标准，简化、协调各国有关商标的行政程序，使商标注册体系更加方便当事人，促进缔约国间商标权的相互保护。2006 年 3 月，WIPO 在新加坡主持召开外交会议，认真总结过去十多年间 TLT 的执行情况及实践经验。各缔约国在充分考虑通信技术迅猛发展的基础上，对 TLT 的部分条款进行了修订并签署《商标法新加坡条约》（STLT）。

STLT 对 TLT 的修订主要涉及四个方面：

一是扩展了条约的适用范围，使条约不仅适用于含视觉标志的商标，还可适用于由嗅觉及听觉标志构成的商标；

二是进一步规范了通过电子方式向商标局提交或传送文件的规则；

三是增加了商标申请人、注册持有人或其他利害关系人未遵守期限时的救济措施；

四是增加了商标使用许可的备案规则。

此外，STLT 还确定建立"缔约方大会"机制，邀请缔约国及政府间组织参加会议，并根据实际情况及时、合理地修改条约内容。

依照 STLT 的相关条款，经 10 个缔约方（包括国家和政府间组织）批准后该条约即可生效。

第一条　缩略语

除另有明确说明外，在本条约中：

（1）"商标主管机关"指缔约方授权处理商标注册事宜的机构；

（2）"注册"指由商标主管机关核准的商标注册；

（3）"申请"指商标注册申请；

（4）"文函"指向商标主管机关提交的任何申请，或与申请或注册有关的任何请求、声明、函件或其他信息；

（5）凡提及"人"，应理解为指自然人和法人；

（6）"注册持有人"指商标注册簿上登记为注册持有人的人；

（7）"商标注册簿"指商标主管机关以任何介质存储保管的整套商标资料，包括所有注册的内容和所有关于注册的录制资料；

（8）"向商标主管机关办理的业务"指向商标主管机关办理有关申请或注册的任何业务；

（9）"《巴黎公约》"指 1883 年 3 月 20 日于巴黎签署，后经修改和修订的《保护工业产权巴黎公约》；

（10）"《尼斯分类》"指根据《商标注册用商品和服务国际分类尼斯协定》（1957 年 6 月 15 日于尼斯签署，后经修改和修订）所建立的分类；

（11）"使用许可"指根据缔约方法律对商标使用的许可；

（12）"被许可人"指被许可使用商标的人；

（13）"缔约方"指加入本条约的任何国家或政府间组织；

（14）"外交会议"指为修订或修正本条约而召集缔约方举行的会议；

（15）"大会"指本条约第二十三条所指缔约方大会；

（16）凡提及"批准书"，应理解为包括接受书和核准书；

（17）"本组织"指世界知识产权组织；

（18）"国际局"指本组织国际局；

（19）"总干事"指本组织总干事；

（20）"《实施细则》"指本条约第二十二条所指《商标法条约实施细则》；

（21）凡提及本条约某"条"或某条之"款""项""目"，应理解为包括提及《实施细则》的相款；

（22）"1994 年《商标法条约》"指 1994 年 10 月 27 日于日内瓦签订的《商标法条约》。

第二条　本条约适用的商标

一、[商标的性质]

任何缔约方法律规定可以作为商标注册的标志所构成的商标均应适用本条约。

二、[商标的种类]

（一）本条约应适用于与商品有关的商标（商品商标）或与服务有关的商标（服务商标），或与商品和服务均有关的商标。

（二）本条约不应适用于集体商标、证明商标和保证商标。

第三条　申请

一、[申请书中含有或附带的说明或项目；申请费用]

（一）任何缔约方均可以要求，申请书中须含有下列部分或全部说明或项目：

（1）注册申请；

（2）申请人的名称和地址；

（3）申请人为一国国民的，该国名称；申请人在一国拥有住所的，该住所所在国名称；申请人在一国拥有真实有效的工商营业所的，该营业所所在国名称；

（4）申请人为法人的，该法人的法律性质，该法人据其法律得以成为法人的国家的名称，以及在可适用的情况下，该国的行政区划名称；

（5）申请人有代理人的，该代理人的名称和地址；

（6）本条约第四条第二款第(二)项要求提供送达地址的，该送达地址；

（7）申请人希望获得在先申请优先权的，应提交要求该在先申请优先权的声明，并按照《巴黎公约》第四条的规定提交支持该优先权要求的说明和证据；

（8）申请人因在展览会上展示商品或服务而希望获得由此产生的任何保护的，应根据缔约方法律的要求提交声明以及支持该声明的说明；

（9）根据本条约《实施细则》的规定，至少提交一份商标表现物；

（10）在可适用的情况下，根据本条约《实施细则》的规定，提交一份声明，说明商标类别以及可适用于该商标类别的任何具体要求；

（11）在可适用的情况下，根据本条约《实施细则》的规定，提交一份声明，说明申请人希望以商标主管机关使用的标准字符注册和公告商标；

（12）在可适用的情况下，根据本条约《实施细则》的规定，提交一份声明，说明申请人希望指定颜色作为商标的显著特点；

（13）商标或该商标某些部分的音译；

（14）商标或该商标某些部分的意译；

（15）申请注册的商品或服务的名称，应按《尼斯分类》中的类别分组，并在每组前标明所属类别的编号，按类别顺序排列；

（16）缔约方法律要求提交的有意使用该商标的声明。

（二）按照缔约方法律的要求，申请人可以提交实际使用商标的声明和相关证据，作为对本款第（一）项第16目所指有意使用商标的声明的替代或补充。

（三）任何缔约方均可以要求，提交注册申请须向商标主管机关缴纳费用。

二、[一件申请多类注册]

同一申请可以涉及多项商品或服务，无论其在《尼斯分类》中同属一个类别还是分属多个类别。

三、[实际使用]

任何缔约方均可以要求，已经按照本条第一款第（一）项第（16）目

的规定提交有意使用商标声明的，申请人须在法律规定的期限（应不少于本条约《实施细则》规定的最短期限）内，按该法律的要求向商标主管机关提交商标实际使用的证据。

四、[禁止其他要求]

除本条第一款、第三款及本条约第八条所提及的要求外，任何缔约方不得就申请另行规定其他要求。尤其不得在该申请的审查和审理期间要求申请人：

（1）提交任何商业登记簿的证书或该登记簿的摘录；

（2）提交其正在从事的工商业活动的说明及相关证据；

（3）提交其正在从事的与申请中所列商品或服务有关的活动的说明及相关证据；

（4）提交该商标已在其他缔约方获得注册，或已在非缔约方的《巴黎公约》成员国获得注册的证据。申请人要求适用《巴黎公约》第六条之五规定的除外。

五、[证据]

任何缔约方均可以要求，商标主管机关在审查过程中对申请中的任何说明或项目的真实性产生合理怀疑的，须向商标主管机关提供相关证据。

第四条　代理；送达地址

一、[准许执业的代理人]

（一）任何缔约方均可以规定，受委托向商标主管机关办理任何业务的代理人：

（1）应有权依据可适用的法律向商标主管机关就有关申请和注册开展代理业务，以及在可适用的情况下，应为准许向商标主管机关开展代理业务的；

（2）应提供其在缔约方规定的领土内的一个地址作为其地址。

（二）符合缔约方根据本款第（一）项所适用的要求的代理人，向商标主管机关采取的或与之相关的任何代理行为，应具有与委托该代理人的申请人、注册持有人或其他利害关系人所采取的或与之相关的行为同样的效力。

二、[强制代理；送达地址]

（一）任何缔约方均可以要求，在其境内既无住所又无真实有效的工商营业所的申请人、注册持有人或其他利害关系人，向商标主管机关办理任何业务，必须委托代理人办理。

（二）如果缔约方未要求按照本款第（一）项规定指定代理人，则该缔约方可以要求，在其境内既无住所又无真实有效的工商营业所的申请人、注册持有人或其他利害关系人，向商标主管机关办理任何业务，必须在其境内有送达地址。

三、[委托书]

（一）如果缔约方允许或要求申请人、注册持有人或其他利害关系人通过代理人向商标主管机关办理有关业务，则该缔约方可以要求须以专函的形式（以下称为"委托书"）委托代理人，并视情况注明申请人、注册持有人或其他相关人的名称。

（二）委托书可以涉及委托人指定的一件或多件申请或注册，也可以涉及委托人现有的和将来的全部申请或注册，但委托人声明的例外情况除外。

（三）委托书可以将代理人的权力限制在一定范围。任何缔约方均可以要求，赋予代理人撤回申请或放弃注册的权力，必须在委托书中明确规定。

（四）缔约方商标主管机关可以规定，如果某人在向商标主管机关递交的文函中自称为代理人，但商标主管机关在收到文函时没有收到所要求提供的委托书的，可以要求其在规定期限（应不少于本条约《实施细则》规定的最短期限）内将委托书递交商标主管机关。任何缔约方均可以规定，未能在规定期限内将委托书递交商标主管机关的，该人递交的该文函无效。

四、[委托书的提及]

任何缔约方均可以要求，代理人就所代理的业务向商标主管机关递交的任何文函，均须提及其据以代理该业务的委托书。

五、[禁止其他要求]

除本条第三款、第四款及本条约第八条所提及的要求外，任何缔约方不得就上述条款所指事项另行规定其他要求。

六、[证据]

任何缔约方均可以要求，商标主管机关对本条第三款、第四款所指任何文函内容的真实性产生合理怀疑的，须向商标主管机关提供相关证据。

第五条　申请日期

一、[准许的要求]

（一）在不违反本款第（二）项及本条第二款规定的前提下，缔约方应以商标主管机关收到符合本条约第八条第二款的语言要求的下列说明和项目的日期为申请日期：

（1）注册意图的明确或含蓄表达；

（2）能据以确定申请人身份的说明；

（3）商标主管机关据以与申请人或其代理人（如果有）进行联系的说明；

（4）一份足够清楚的申请注册的商标的表现物；

（5）申请注册的商品或服务的清单；

（6）在适用本条约第三条第一款第（一）项第（16）目或第（二）项时，缔约方法律要求提交的本条约第三条第一款第（一）项第（16）目所指的声明，或本条约第三条第一款第（二）项所指的声明和证据。

（二）任何缔约方均可以规定，以商标主管机关收到本款第（一）项所提及的部分而非全部说明和项目的日期，或以收到不符合本条约第八条第二款的语言要求的说明和项目的日期为申请日期。

二、[准许的附加要求]

（一）缔约方可以规定，在缴纳费用之前不得确定申请日期。

（二）缔约方只有在加入本条约时就适用本款第（一）项要求的，才可以适用这一要求。

三、[更正和期限]

本条第一款和第二款下的更正方式和期限应在本条约《实施细则》中予以确定。

四、[禁止其他要求]

除本条第一款和第二款规定的要求外，任何缔约方不得就申请日期另行规定其他要求。

第六条 一件申请多类注册

同一件申请中含有《尼斯分类》中多个类别的商品或服务的，该申请应按同一注册办理。

第七条 申请和注册的分解

一、[申请的分解]

（一）涉及多项商品或服务的任何申请（以下称为"原申请"），可以

（1）至少在商标主管机关对该商标能否注册作出决定之前；

（2）在对商标主管机关作出的注册决定进行任何异议程序期间；

（3）在对商标主管机关作出的注册决定进行任何上诉程序期间，由申请人或经申请人请求将其分为两件或多件申请（以下称为"分申请"），分别就"原申请"中所涉及的商品或服务提出申请。"分申请"应保留"原申请"的申请日期及优先权（如果有）。

（二）任何缔约方在不违反本款第（一）项规定的前提下，均可以就申请的分解作出规定，包括费用的缴纳等。

二、[注册的分解]

本条第一款在细节上作必要修改后，应适用于注册的分解事宜。此种分解无论是

（1）在第三方就注册的有效性向商标主管机关提出任何争议的程序期间，还是

（2）在对商标主管机关就争议作出的决定进行任何上诉的程序期间，均应允许进行。但是，如果缔约方法律允许第三方在商标获得注册之前对

商标的注册提出异议，则缔约方可以排除注册分解的可能性。

第八条　文函

一、[传送方式和文函形式]

任何缔约方均可以选定文函的传送方式，并确定是否接受书面形式、电子形式或其他形式的文函。

二、[文函语言]

（一）任何缔约方均可以要求，任何文函必须使用商标主管机关所接受的语言。商标主管机关允许使用多种语言的，可以要求申请人、注册持有人或其他利害关系人选择使用该商标主管机关规定的任何一种语言，但不得要求同一文函的说明或项目使用多种语言。

（二）任何缔约方不得要求，对文函的任何译文出具证明、公证、鉴定、法律认证或其他证明材料，本条约另有规定的除外。

（三）缔约方未要求文函使用商标主管机关所接受的语言的，商标主管机关可以要求该文函须由官方译员或代理人译成该商标主管机关接受的语言，并在合理期限内提交。

三、[书面文函的签字]

（一）任何缔约方均可以要求，书面文函应由申请人、注册持有人或其他利害关系人签字。缔约方对书面文函有签字要求的，应接受符合本条约《实施细则》有关规定的任何签字。

（二）任何缔约方不得要求，对任何签字出具证明、公证、鉴定、法律认证或其他证明材料，缔约方法律对放弃注册时的签字有此规定的除外。

（三）尽管有本款第（二）项的规定，任何缔约方均可以要求，商标主管机关对任何书面文函的签字的真实性产生合理怀疑的，须向商标主管机关提供相关证据。

四、[以电子方式提交或以电子手段传送的文函]

缔约方允许以电子形式提交或以电子方式传送文函的，可以要求任何此种文函均应符合本条约《实施细则》的有关规定。

五、［文函的递交］

递交文函时，凡内容符合本条约《实施细则》规定的相关国际书式范本（如果有）的，任何缔约方均应予以接受。

六、［禁止其他要求］

除本条规定的要求外，任何缔约方不得就本条第一款至第五款内容另行规定其他要求。

七、［与代理人之间的通信手段］

本条中的任何规定均不适用于申请人、注册持有人或其他利害关系人与其代理人之间的通信手段。

第九条　商品或服务的分类

一、［注明商品或服务］

商标主管机关核准的每件注册和发布的公告，凡涉及申请或注册并注明商品或服务的，均应注明商品或服务的名称，应按《尼斯分类》中的类别分组，并在每组前标明所属类别的编号，按类别顺序排列。

二、［同一类别或不同类别的商品或服务］

（一）商品或服务，不得因为商标主管机关在任何注册或公告中将其列入《尼斯分类》的同一类别，而被认为互相类似。

（二）商品或服务，不得因为商标主管机关在任何注册或公告中将其列入《尼斯分类》的不同类别，而被认为互相不类似。

第十条　变更名称或地址

一、［变更注册持有人名称或地址］

（一）任何缔约方均应准许，注册持有人未变而其名称或地址发生变更的，该注册持有人可以以文函形式向商标主管机关提交变更商标注册簿登记的申请，申请中应注明相关商标的注册号及申请变更登记的内容。

（二）任何缔约方均可以要求，变更登记申请中须注明：

（1）注册持有人的名称和地址；

（2）注册持有人有代理人的，该代理人的名称和地址；

（3）注册持有人有送达地址的，该送达地址。

（三）任何缔约方均可以要求，提交变更登记申请须向商标主管机关缴纳费用。

（四）变更涉及多件注册的，如果注明所有相关商标的注册号，则只须提交一件申请。

二、[变更申请人名称或地址]

变更涉及一件或多件申请的，或同时涉及一件或多件申请和一件或多件注册的，本条第一款在细节上作必要修改后，应予适用。但是，如果相关申请号尚未公布或尚不为申请人或其代理人知晓，变更申请则应按本条约《实施细则》的有关规定注明该相关申请。

三、[变更代理人名称、地址或送达地址]

本条第一款在细节上作必要修改后，应适用于代理人（如果有）名称或地址以及送达地址（如果有）的任何变更。

四、[禁止其他要求]

除本条第一款至第三款及本条约第八条规定的要求外，任何缔约方不得就本条所指的申请另行规定其他要求，尤其不得要求提交任何有关变更的证明。

五、[证据]

任何缔约方均可以要求，商标主管机关对变更申请中的任何说明的真实性产生合理怀疑的，须向商标主管机关提供相关证据。

第十一条　变更所有权

一、[变更注册所有权]

（一）任何缔约方均应准许，注册持有人发生变更的，该持有人或新获得所有权的人（以下称为"新所有人"）可以以文函形式向商标主管机关提交变更商标注册簿登记的申请，申请中应注明相关商标的注册号及申请变更登记的内容。

（二）任何缔约方均可以要求，因合同而发生所有权变更的，变更申请中须对此予以说明，并附送下列文件之一：

（1）合同复印件，为确认其真实性，可以要求提供由公证机构或任何其他政府主管部门出具的证明；

（2）显示所有权变更的合同的摘录，为确认其真实性，可以要求提供由公证机构或任何其他政府主管部门出具的证明；

（3）未经证明的转让证书，须按本条约《实施细则》规定的书式和内容制订，并由注册持有人和新所有人共同签字；

（4）未经证明的转让文件，须按本条约《实施细则》规定的书式和内容制订，并由注册持有人和新所有人共同签字。

（三）任何缔约方均可以要求，因企业合并而发生所有权变更的，变更申请中须对此予以说明，并附送一份由主管部门签发的证明该项合并的文件的复印件，例如商业登记簿摘录的复印件，还可以要求提供由文件签发部门、公证机构或任何其他政府主管部门出具的有关该复印件真实性的证明。

（四）任何缔约方均可以要求，因合同或企业合并而发生所有权变更的，如果共同注册持有人中有一人或多人发生变更但非全部都发生变更的，所有权未发生变更的任何共同注册持有人，均须以签字文件的形式就该所有权变更明确表示同意。

（五）任何缔约方均可以要求，对于并非因合同或企业合并引起，而是因实施法律或法院判决等其他原因引起的所有权变更，变更申请中须对此予以说明，并附送一份证明该项变更的文件的复印件，还可以要求提供由文件签发部门、公证机构或任何其他政府主管部门出具的证明该文件真实性的证明。

（六）任何缔约方均可以要求，变更申请中须注明：

（1）注册持有人的名称和地址；

（2）新所有人的名称和地址；

（3）新所有人为一国国民的，该国名称；新所有人在一国拥有住所的，该住所所在国名称；新所有人在一国拥有真实有效的工商营业所的，该营

业所所在国名称；

（4）新所有人为法人的，该法人的法律性质，该法人据其法律得以成为法人的国家的名称，以及在可适用的情况下，该国的行政区划名称；

（5）注册持有人有代理人的，该代理人的名称和地址；

（6）注册持有人有送达地址的，该送达地址；

（7）新所有人有代理人的，该代理人的名称和地址；

（8）本条约第四条第二款第（二）项要求新所有人有送达地址的，该送达地址。

（七）任何缔约方均可以要求，提交变更申请须向商标主管机关缴纳费用。

（八）变更涉及多件注册的，如果每件注册的注册持有人和新所有人均相同，并且申请中注明所有相关商标的注册号，则只需提交一件申请。

（九）所有权变更不涉及注册的所有商品或服务，且可适用的法律允许对此种变更予以登记的，商标主管机关应就所有权变更所涉及的商品或服务单独设立一件注册。

二、[申请的所有权变更]

变更涉及一件或多件申请的，或同时涉及一件或多件申请和一件或多件注册的，本条第一款在细节上作必要修改后，应予适用。但是，如果相关申请号尚未公布或尚不为申请人及其代理人知晓，变更申请则应按本条约《实施细则》的有关规定注明该相关申请。

三、[禁止其他要求]

除本条第一款、第二款及本条约第八条规定的要求外，任何缔约方不得就本条所指的申请另行规定其他要求，尤其不得要求：

（1）除本条第一款第（三）项规定的情况外，提交任何商业登记簿的证书或该登记簿的摘录；

（2）说明新所有人正在从事的工商业活动并提供相关证据；

（3）说明新所有人正在从事的与所有权变更所涉及的商品或服务有关

的活动并提供相关证据；

（4）说明原注册持有人已将其企业或有关商誉全部或部分转让给新所有人并提供相关证据。

四、[证据]

任何缔约方均可以要求，商标主管机关对变更申请中或本条所指的任何文件中的任何说明的真实性产生合理怀疑的，须向商标主管机关提供相关证据，或在适用本条第一款第（三）项或第（五）项时，须按该项规定进一步提供相关证据。

第十二条　更正错误

一、[更正注册方面的错误]

（一）任何缔约方均应准许，对于向商标主管机关提交的申请或其他申请中所出现的并反映在商标主管机关的商标注册簿或任何公告中的错误，注册持有人可以以文函方式申请更正，申请中应注明相关商标的注册号、须更正的错误以及须登记的更正。

（二）任何缔约方均可以要求，更正申请中须注明：

（1）注册持有人的名称和地址；

（2）注册持有人有代理人的，该代理人的名称和地址；

（3）注册持有人有送达地址的，该送达地址。

（三）任何缔约方均可以要求，提交更正申请须向商标主管机关缴纳费用。

（四）更正涉及同一人的多件注册的，如果各件注册的错误和须更正的内容均相同，而且在申请中注明所有相关注册的注册号，则只需提交一件申请。

二、[更正申请方面的错误]

更正涉及一件或多件申请的，或同时涉及一件或多件申请和一件或多件注册的，本条第一款在细节上作必要修改后，应予适用。但是，如果相关申请号尚未公布或尚不为申请人或其代理人知晓，更正申请则应按本条约《实施细则》的有关规定注明该相关申请。

三、[禁止其他要求]

除本条第一款、第二款及本条约第八条规定的要求外，任何缔约方不得就本条所指的申请另行规定其他要求。

四、[证据]

任何缔约方均可以要求，商标主管机关对申请更正的错误是否确系错误产生合理怀疑的，须向商标主管机关提供相关证据。

五、[商标主管机关造成的错误]

缔约方商标主管机关应依职权或根据请求，更正其自身造成的错误，不收取任何费用。

六、[无法更正的错误]

任何缔约方，对于其法律规定无法更正的错误，均无义务适用本条第一款、第二款及第五款的规定。

第十三条　注册的有效期及续展

一、[续展申请中含有或附带的说明或项目；续展费用]

（一）任何缔约方均可以要求，续展注册须提交续展申请，并须注明下列部分或全部项目：

（1）续展申请；

（2）注册持有人的名称和地址；

（3）相关注册的注册号；

（4）根据缔约方的规定，相关注册的申请日期或注册日期；

（5）注册持有人有代理人的，该代理人的名称和地址；

（6）注册持有人有送达地址的，该送达地址；

（7）缔约方允许仅对商标注册簿中登记的部分商品或服务予以续展而且已提出此种续展申请的，应注明申请续展注册的登记商品或服务的名称，或不申请续展注册的登记商品或服务的名称，应按《尼斯分类》中的类别分组，并在每组前标明所属类别的编号，按类别顺序排列；

（8）缔约方允许除注册持有人或其代理人之外的第三人提出续展申请

且该人已提交申请的，该第三人的名称和地址。

（二）任何缔约方均可以要求，提交续展申请须向商标主管机关缴纳费用。已经缴纳首期注册费用或任一续展期费用的，商标主管机关不得再收取该期限内的注册维持费用。根据本项的规定，与提交商标使用声明或证据有关的费用，不应被视为注册维持费用，不受本项规定的影响。

（三）任何缔约方均可以要求，续展申请须在其法律规定的期限（应不少于本条约《实施细则》所规定的最短期限）内提交商标主管机关，并缴纳本条第（二）项所指的相关费用。

二、[禁止其他要求]

除本条第一款及本条约第八条规定的要求外，任何缔约方不得就续展申请另行规定其他要求，尤其不得要求提供：

（1）该商标的任何表现物或其他证明；

（2）该商标已在任何其他商标注册簿注册或续展注册的证据；

（3）有关该商标使用的声明或证据。

三、[证据]

任何缔约方均可以要求，商标主管机关对续展申请中的说明或项目的真实性产生合理怀疑的，须在该续展申请的审查过程中向商标主管机关提供相关证据。

四、[禁止实质审查]

任何缔约方的商标主管机关均不得因为续展而对注册进行实质审查。

五、[有效期]

首次注册和每次续展的有效期均为十年。

第十四条 未遵守期限时的救济措施

一、[期限届满前的救济措施]

缔约方可以规定，向商标主管机关办理有关申请或注册的某一业务期限，凡在期限届满前向商标主管机关提出申请要求延长该期限的，均可予以延长。

二、[期限届满后的救济措施]

缔约方可以规定，申请人、注册持有人或其他利害关系人向商标主管机关办理有关申请或注册，未能遵守规定的某一业务期限（"相关期限"）的，如果向商标主管机关提出申请要求提供救济措施，应按《实施细则》的规定提供下列一种或多种救济措施：

（1）将相关期限延长至《实施细则》规定的时间；

（2）继续处理申请或注册；

（3）商标主管机关认为未能遵守期限，但已作出在具体情况下应作的努力的，或根据缔约方的规定，未能遵守期限并非出于故意的，恢复申请人、注册持有人或其他利害关系人对申请或注册的权利。

三、[例外]

对于《实施细则》中规定的例外情况，不得要求任何缔约方提供本条第二款提及的任何救济措施。

四、[费用]

任何缔约方均可以要求，申请本条第一款和第二款所提及的任何救济措施均须缴纳费用。

五、[禁止其他要求]

除本条和本条约第八条规定的要求外，任何缔约方不得就本条第二款所提及的任何救济措施另行规定其他要求。

第十五条　遵守《巴黎公约》的义务

任何缔约方均应遵守《巴黎公约》中有关商标的规定。

第十六条　服务商标任何缔约方均应允许注册服务商标并对服务商标适用《巴黎公约》中有关商标的规定

第十七条　使用许可备案的申请

一、[有关备案申请的要求]

缔约方法律规定商标使用许可须报其商标主管机关备案的，该缔约方可以要求备案。申请须：

（1）按照《实施细则》规定的要求提交；

（2）附送《实施细则》规定的补充文件。

二、[费用]

任何缔约方均可以规定，申请使用许可备案须向商标主管机关缴纳费用。

三、[涉及多件注册的一件申请]

使用许可涉及多件注册的，如果所有注册的持有人和被许可人均相同，申请中注明所有相关注册的注册号，并且按照《实施细则》的规定注明所有注册的许可范围，则只需提交一件申请。

四、[禁止其他要求]

（一）除本条第一款至第三款和本条约第八条规定的要求外，任何缔约方不得就向商标主管机关申请使用许可备案另行规定其他要求，尤其不得要求提供：

（1）被许可商标的注册证；

（2）使用许可合同或其译本；

（3）关于使用许可合同中财务条款的说明。

（二）除在商标注册簿中进行使用许可备案外，本款第（一）项，对于缔约方法律规定的任何信息公开义务，均不构成影响。

五、[证据]

任何缔约方均可以要求，商标主管机关对使用许可备案申请中或《实施细则》提及的任何文件中的任何说明的真实性产生合理怀疑的，须向商标主管机关提供相关证据。

六、[与注册申请有关的使用许可备案申请]

缔约方法律允许对注册申请进行使用许可备案的，本条第一款至第五款在细节上作必要修改后，应适用于此种使用许可备案的申请。

第十八条　变更或撤销使用许可备案的申请

一、[有关申请的要求]

缔约方法律规定使用许可须报其商标主管机关备案的，该缔约方可以

要求，变更或撤销使用许可备案的申请须：

（1）按照《实施细则》规定的要求提交；

（2）附送《实施细则》规定的补充文件。

二、［其他要求］

第十七条第二款至第六款在细节上作必要修改后，应适用于变更或撤销使用许可备案的申请。

第十九条　未就使用许可备案的影响

一、［注册和保护的有效性］

未就使用许可向缔约方的商标主管机关或任何其他机构备案的，不得影响被许可商标注册的有效性或该商标应受的保护。

二、［被许可人的某些权利］

凡缔约方法律规定被许可人享有参与注册持有人提起的商标侵权诉讼，或通过此种诉讼从对被许可商标的侵权中获得损害赔偿的权利的，不得再将使用许可备案作为被许可人享有该权利的条件。

三、［对未备案使用许可商标的使用］

凡缔约方法律规定在涉及商标确权、维持或执法的诉讼程序中，被许可人对商标的使用可以视同为注册持有人对该商标的使用的，不得再将使用许可备案作为视同使用的条件。

第二十条　对使用许可的说明

缔约方法律要求对商标被许可使用这一情况予以说明的，如果全部或者部分不符合该要求，不得影响被许可商标注册的有效性或该商标应受的保护，也不得影响本条约第十九条第三款的适用。

第二十一条　对拟驳回的意见陈述

对于依据本条约第三条提出的申请以及依据本条约第七条、第十条至第十四条、第十七条和第十八条提出的申请，商标主管机关拟驳回时未给予申请人或提出各项申请者（视具体情况而定）在合理期限内陈述意见的机会的，不得完全或部分驳回。就第十四条而言，申请救济措施的人已有机会对相关决定所依据的事实陈述意见的，不得再次要求商标主管机关给予其陈述意见的机会。

第二十二条　实施细则

一、[内容]

（一）本条约所附《实施细则》对涉及以下内容的细则作出规定：

（1）本条约明文指定"由《实施细则》规定"的事项；

（2）有助于实施本条约之条款的任何细节；

（3）任何行政要求、事项或程序。

（二）《实施细则》也应包括《国际书式范本》。

二、[《实施细则》的修正]

除本条第三款规定以外，对《实施细则》的任何修正均须获得所投票数的四分之三。

三、[对一致同意的要求]

（一）《实施细则》可以规定，其某些条款的修正须经一致同意；

（二）对《实施细则》作出的任何修正，凡会导致本款第（一）项所规定的《实施细则》中某些条款有增加或删除的，须经一致同意；

（三）确定是否达成一致同意时，应只考虑实际投票数。弃权不应被视为投票。

四、[本《条约》与《实施细则》之间相抵触的]

本《条约》的规定与《实施细则》的规定发生抵触时，应以前者为准。

第二十三条　大会

一、[组成]

（一）缔约方应设立大会。

（二）每一缔约方应在大会中有一名代表，该代表可以由副代表、顾问和专家辅助。每一代表只能代表一个缔约方。

二、[任务]

大会应当：

（1）处理与本条约发展有关的事宜；

（2）修正《实施细则》，包括《国际书式范本》；

（3）确定本款第（2）项中提及的每项修正的适用日期的条件；

（4）为执行本条约的规定履行其他适当职责。

三、［法定人数］

（一）大会成员国的半数构成法定人数。

（二）尽管有本款第（一）项的规定，如果在任何一次大会会议上，出席会议的大会成员国的数目不足大会成员国的半数，但达到或超过三分之一，大会可以作出决定。但是除了关于大会本身程序的决定外，所有这种决定只有符合下述条件才能生效：国际局应将所作决定通知未出席会议的大会成员国，请其于通知之日起三个月的期限内以书面形式进行表决或表示弃权。如果在该期限届满时，以此种方式进行表决或表示弃权的成员国数目达到构成会议本身法定人数所缺的成员数目，并同时达到所需的多数，所作决定即应生效。

四、［在大会上作出决定］

（一）大会应努力通过协商一致作出决定。

（二）无法通过协商一致作出决定的，应通过表决对争议的问题作出决定。在此种情况下：

（1）每一个国家缔约方有一票表决权，并只能以其自己的名义表决，以及

（2）任何政府间组织缔约方可代替其成员国参加表决，表决票数与其参加本条约的成员国的数目相等。如果此种政府间组织的任何一个成员国行使其表决权，则该组织不得参加表决，反之亦然。此外，如果此种政府间组织的任何一个参加本条约的成员国是另一此种政府间组织的成员国，而该另一政府间组织参加该表决，则前一组织不得参加表决。

五、［多数］

（一）除本条约第二十二条第二款和第三款规定以外，大会作决定需

有所投票数的三分之二。

（二）确定是否达到所需的多数时，应只考虑实际投票数。弃权不应被视为投票。

六、[会议]

大会应由总干事召集，如无例外情况，应与本组织大会同时同地举行。

七、[议事规则]

大会应制定自己的议事规则，包括召集特别会议的规则。

第二十四条 国际局

一、[行政任务]

（一）国际局应执行有关本条约的行政任务。

（二）特别是，国际局应为大会以及大会可能设立的专家委员会和工作组筹备会议并提供秘书处。

二、[大会之外的其他会议]

总干事应召集大会设立的任何委员会会议和工作组会议。

三、[国际局在大会和其他会议中的作用]

（一）总干事及其指定的人员应参加大会的所有会议、大会所设立的委员会和工作组的所有会议，但没有表决权。

（二）总干事或其指定的一名工作人员是大会以及本款第（一）项所述委员会和工作组的当然秘书。

四、[会议]

（一）国际局应按照大会的指示，筹备任何修订会议。

（二）国际局可就所述筹备工作与本组织的成员国、政府间组织、国际及国家非政府间组织进行协商。

（三）总干事及其所指定的人员应参加修订会议的讨论，但没有表决权。

五、[其他任务]

国际局应执行与本条约有关的任何其他任务。

第二十五条　修订或修正

本条约只能通过外交会议进行修订或修正。任何外交会议的召集均应由大会决定。

第二十六条　成为本条约的缔约方

一、[资格]

下列实体可以签署本条约，并在不违反本条第二款、第三款及第二十八条第一款和第三款的前提下，成为本条约的缔约方：

（1）任何设有商标主管机关，可以办理商标注册的本组织成员国；

（2）任何设有商标主管机关，在其组织条约所适用的领土内、其所有成员国国内或为有关申请所专门指定的成员国国内，可以办理有效的商标注册的政府间组织，但条件是该政府间组织的所有成员国均为本组织成员；

（3）任何只能通过指定的本组织成员国商标主管机关办理商标注册的本组织成员国；

（4）任何只能通过其参加的政府间组织所设的商标主管机关办理商标注册的本组织成员国；

（5）任何只能通过本组织一组成员国共有的商标主管机关办理商标注册的本组织成员国。

二、[批准或加入]

本条第一款提及的任何实体：

（1）已签署本条约的，可以交存批准书；

（2）未签署本条约的，可以交存加入书。

三、[交存的生效日期]

交存批准书或加入书的生效日期：

（1）对于本条第一款第（1）项所指的成员国，应为该国交存文书之日；

（2）对于政府间组织，应为该政府间组织交存文书之日；

（3）对于本条第一款第（3）项所指的成员国，应为满足下列条件之日：该国已交存文书，且另一指定国家也已交存文书；

（4）对于本条第一款第（4）项所指的成员国，应适用本款第（2）项所指的日期；

（5）对于本条第一款第（5）项所指的一组成员国中的某一成员国，应为该组所有成员国均已交存文书之日。

第二十七条 1994年《商标法条约》与本条约的适用

一、[既参加本条约又参加1994年《商标法条约》的缔约方之间的关系]

既参加本条约又参加1994年《商标法条约》的缔约方之间的关系，应仅适用本条约。

二、[参加本条约的缔约方与参加1994年《商标法条约》而未参加本条约的缔约方之间的关系]

既参加本条约又参加1994年《商标法条约》的任何缔约方，与参加1994年《商标法条约》而未参加本条约的缔约方之间的关系，应继续适用1994年《商标法条约》。

第二十八条 生效；批准和加入的生效日期

一、[应予考虑的文书]

根据本条规定，只有本条约第二十六条第一款所指的实体交存的并根据第二十六条第三款具有有效日期的批准书或加入书，才应予以考虑。

二、[条约的生效]

本条约应在第二十六条第一款第（2）项所指的国家或政府间组织中有十个国家或组织交存批准书或加入书三个月之后生效。

三、[条约生效之后的批准书和加入书的生效]

本条第二款规定范围之外的任何实体，应自其交存批准书或加入书之日起三个月后受本条约约束。

第二十九条 保留

一、[特殊种类的商标]

任何国家或政府间组织均可以通过保留的形式声明，尽管有本条约第

二条第一款和第二款第（一）项的规定，但本条约第三条第一款、第五条、第七条、第八条第五款、第十一条和第十三条不适用于联合商标、防御商标或派生商标。该保留中应指明所作保留涉及上述条款中的哪些条款。

二、[多类注册]

凡在本条约通过之日法律规定允许商品多类注册和服务多类注册的国家或政府间组织，均可以在加入本条约时通过保留的形式声明，不适用本条约第六条的规定。

三、[续展时的实质性审查]

任何国家或政府间组织均可以通过保留的形式声明，尽管有第十三条第四款的规定，但在服务商标注册首次续展时，商标主管机关可以对该注册进行实质性审查，此种审查仅限于排除因本条约生效前该国或该组织规定可以注册服务商标的法律生效后六个月内提交的申请所致的多重注册。

四、[被许可人的某些权利]

任何国家或政府间组织均可以通过保留的形式声明，尽管有本条约第十九条第二款的规定，但该国或该组织仍要求，被许可人依法享有的参与注册持有人提起的商标侵权诉讼，或通过此种诉讼从对被许可商标的侵权中获得损害赔偿的权利，须以使用许可备案为条件。

五、[保留的形式]

本条第一款、第二款、第三款或第四款所述任何保留，均应以声明的形式作出，并连同作为作出该保留的国家或政府间组织批准或加入本条约的文书一并提交。

六、[撤回]

依据本条第一款、第二款、第三款或第四款所作的任何保留可以随时撤回。

七、[禁止其他保留]

除本条第一款、第二款、第三款和第四款允许的保留外，不得对本条约有任何其他保留。

第三十条 退出本条约

一、[通知]

任何缔约方均可以通知总干事退出本条约。

二、[生效日期]

退约应于总干事收到退约通知之日起一年后生效。退约不得影响本条约在该一年期届满时对涉及该退约方的任何未决申请或任何已获注册的商标的适用，但条件是退约方可以在该一年期限届满后，对已到期的任何注册自其到期之日起停止适用本条约。

第三十一条 条约的语文；签署

一、[原件；正式文本]

（一）本条约的签字原件为一份，以中文、阿拉伯文、英文、法文、俄文和西班牙文六种文本组成，各文本具有同等效力。

（二）某缔约方官方语文的正式文本，非本款第（一）项所指语文的，应由总干事与该缔约方及任何其他有关缔约方协商后确定。

二、[签署的期限]

本条约通过后即在本组织总部开放以供签署，期限一年。

第三十二条 保存人

总干事为本条约保存人。

附件二　原产地名称和地理标志里斯本协定日内瓦文本

第一章　绪则和总则

第一条　缩略语

1. "里斯本协定"指 1958 年 10 月 31 日的《原产地名称保护及国际注

册里斯本协定》；

2. "1967 年文本"指 1967 年 7 月 14 日在斯德哥尔摩修订并于 1979 年 9 月 28 日修正的里斯本协定；

3. "本文本"指由此文本制定的原产地名称和地理标志里斯本协定；

4. "实施细则"指第二十五条所述的实施细则；

5. "巴黎公约"指 1883 年 3 月 20 日订立、后经修订和修正的《保护工业产权巴黎公约》；

6. "原产地名称"指第二条第一款第 1 目所述的名称；

7. "地理标志"指第二条第一款第 2 目所述的标志；

8. "国际注册簿"指作为原产地名称和地理标志国际注册正式数据集、由国际局根据第四条保管的国际注册簿，而不论用何种介质保管此种数据；

9. "国际注册"指国际注册簿中登记的国际注册；

10. "申请"指国际注册申请；

11. "已注册"指已依据本文本在国际注册簿上登记；

12. "原产地理区域"指第二条第二款所述的地理区域；

13. "跨界地理区域"指位于相邻缔约方之内或覆盖相邻缔约方的地理区域；

14. "缔约方"指参加本文本的任何国家或政府间组织；

15. "原产缔约方"指原产地理区域所在的缔约方或跨界原产地理区域所在的各缔约方；

16. "主管机构"指依据第三条指定的实体；

17. "受益各方"指依据原产缔约方的法律，有权使用一个原产地名称或一个地理标志的自然人或法律实体；

18. "政府间组织"指依据第二十八条第一款第 3 目有资格参加本文本的政府间组织；

19. "产权组织"指世界知识产权组织；

20. "总干事"指产权组织的总干事；

21. "国际局"指产权组织的国际局。

第二条　客体

一、[原产地名称和地理标志]

本文本适用于：

1.在原产缔约方受到保护、由一个地理区域的地名构成或包含该地名的任何名称，或者众所周知指称该地理区域的另一名称，该名称用于指示一项产品来源于该地理区域，并且赋予该产品以声誉，而该产品的质量或特征完全或主要取决于地理环境，包括自然因素和人的因素；以及

2.在原产缔约方受到保护、由一个地理区域的地名构成或包含该地名的任何标志，或者众所周知指称该地理区域的另一标志，该标志标示一项产品来源于该地理区域，而该产品的特定质量、声誉或其他特征主要由其地理来源所决定。

二、[可能的原产地理区域]

第一款所述的原产地理区域可以由原产缔约方的全部领土构成，也可以由原产缔约方的一个地区、区域或地方构成。这不排除本文本适用于由一个跨界地理区域或这种区域的一部分构成的第一款所述的原产地理区域。

第三条　主管机构

每一缔约方应指定一个实体，负责本文本在其领土内的行政，以及依据本文本和实施细则与国际局的通信。缔约方应按实施细则的规定，将该主管机构的名称及联系方式通知国际局。

第四条　国际注册簿

国际局应保管一份国际注册簿，登记依本文本、依里斯本协定及1967年文本，或既依本文本又依里斯本协定及1967年文本进行的国际注册以及与这些国际注册有关的数据。

第二章　申请和国际注册

第五条　申请

一、[提交地]

申请应向国际局提交。

二、[由主管机构提交申请]

除第三款规定的情况外，原产地名称或地理标志国际注册申请应由主管机构以下列名义提交：

1. 受益各方；或

2. 根据原产缔约方的法律，具备法律地位、能够主张受益各方的权利或者该原产地名称或地理标志的其他权利的自然人或法律实体。

三、[直接提交申请]

（一）在不损害第四款的情况下，如果原产缔约方的立法允许，申请可以由受益各方或第二款第 2 目所述的自然人或法律实体提交。

（二）适用第（一）项，须由缔约方声明其立法允许。此种声明可以由缔约方在交存批准书或加入书时作出，也可以在以后的任何时间作出。声明在交存批准书或加入书时作出的，于本文本对该缔约方生效时生效。声明在本文本对缔约方生效之后作出的，于总干事收到声明之日起三个月后生效。

四、[跨界地理区域可以共同申请]

原产地理区域由跨界地理区域构成的，相邻的各缔约方可以根据其协议，通过一个共同指定的主管机构共同提交申请。

五、[必要内容]

实施细则应规定除第六条第三款所规定的资料之外，申请中所必须包含的必要资料。

六、[非必要内容]

实施细则可以规定申请中可以包含的非必要资料。

第六条　国际注册

一、[国际局的形式审查]

国际局收到符合实施细则规定的原产地名称或地理标志国际注册申请，应在国际注册簿中注册该原产地名称或该地理标志。

二、[国际注册日]

除第三款另有规定外，国际注册日为国际局收到申请的日期。

三、[缺少资料时的国际注册日]

申请未包含下列所有资料的，国际注册日为国际局收到最后一项所缺资料的日期：

1. 主管机构的名称，对于第五条第三款所述的情况，申请人或各申请人的名称；

2. 用以识别受益各方，以及在适用时，用以识别第五条第二款第 2 目所述的自然人或法律实体的详细信息；

3. 申请国际注册的原产地名称或地理标志；

4. 原产地名称或地理标志所用于的产品或各种产品。

四、[国际注册的公布和通知]

国际局应立即公布每项国际注册并将国际注册通知每一缔约方的主管机构。

五、[国际注册生效日]

（一）除第（二）项另有规定外，在未依据第十五条驳回保护的每一缔约方，或已依据第十八条向国际局发出给予保护的通知的每一缔约方，已注册原产地名称或地理标志应从国际注册日起受保护。

（二）缔约方可以用声明通知总干事，根据其本国或区域立法，已注册原产地名称或地理标志从声明中所述之日起受保护，但该日不得晚于依据第十五条第一款第（一）项在实施细则中规定的驳回时限届满之日。

第七条　费用

一、[国际注册费]

每一原产地名称和每一地理标志的国际注册，均应缴纳实施细则中规定的费用。

二、[国际注册簿上其他登记事项的费用]

实施细则中应规定须为国际注册簿上其他登记事项以及为提供摘要、证明或与国际注册内容有关的其他信息缴纳的费用。

三、[减费]

大会应为某些、特别是原产缔约方为发展中国家或最不发达国家的原

产地名称国际注册和地理标志国际注册设立减费。

四、[单独费]

（一）任何缔约方均可用声明通知总干事，国际注册产生的保护，仅在缴纳费用以支付缔约方对国际注册进行实质审查的开支之后，才延伸至该缔约方。此种单独费的数额应在声明中指明，并可以在以后的声明中予以变更。前述数额不得高于缔约方本国或区域立法要求的数额扣除国际程序产生的节支之后的等值数额。此外，缔约方可以用声明通知总干事，要求收取与受益各方在该缔约方使用原产地名称或地理标志有关的行政费。

（二）未缴纳单独费的，在符合实施细则的情况下，后果是在要求缴纳该费用的缔约方放弃保护。

第八条　国际注册的有效期

一、[依附]

国际注册无限期有效，但谅解是如果构成原产地名称的名称或构成地理标志的标志在原产缔约方不再受保护，则不应再要求对已注册原产地名称或地理标志的保护。

二、[注销]

（一）原产缔约方的主管机构，对于第五条第三款所述的情况，受益各方或第五条第二款第2目所述的自然人或法律实体或者原产缔约方的主管机构，可以随时要求国际局注销有关国际注册。

（二）如果构成已注册原产地名称的名称或构成已注册地理标志的标志在原产缔约方不再受保护，原产缔约方的主管机构应要求注销国际注册。

第三章　保　护

第九条　承诺保护

每一缔约方均应在其自身法律制度和惯例的范围内但符合本文本各项条款的情况下，在其领土上保护已注册原产地名称和地理标志，但任何可能对其领土生效的驳回、放弃、无效宣告或注销除外，且谅解是，缔约方本国或区域立法中不区分原产地名称和地理标志的，不得被要求在其本国或区域立法中实行此种区分。

第十条　根据缔约方法律或根据其他文书给予保护

一、[法律保护的形式]

每一缔约方均可自由选择依据何种立法建立本文本所规定的保护，但条件是此种立法符合本文本的实质要求。

二、[根据其他文书给予保护]

本文本的规定不以任何方式影响缔约方可能根据其本国或区域立法，或根据其他国际文书，对已注册原产地名称或已注册地理标志给予的任何其他保护。

三、[与其他文书的关系]

本文本的任何内容均不减损缔约各方相互之间依任何其他国际文书承担的任何义务，也不损害缔约方依任何其他国际文书享有的任何权利。

第十一条　对已注册原产地名称和地理标志的保护

一、[保护内容]

在符合本文本规定的前提下，对于一个已注册原产地名称或已注册地理标志，每一缔约方均应提供法律手段，以制止下列行为：

（一）以下列方式使用原产地名称或地理标志

1. 用于与原产地名称或地理标志所用于的产品属同一类的产品，但产品非来源于原产地理区域，或者不符合适用于原产地名称或地理标志使用的任何其他要求；

2. 用于与原产地名称或地理标志所用于的产品不属同一类的产品，或用于服务，如果此种使用将表示或暗示在这些产品或服务与原产地名称或地理标志的受益各方之间有联系，并且将可能损害受益各方的利益，或者在适用时，由于原产地名称或地理标志在有关缔约方的声誉，此种使用将可能以不公平的方式削弱或淡化这种声誉，或者不公平地利用这种声誉。

（二）任何可能在产品的真实原产地、产源或性质方面误导消费者的

其他做法。

二、[某些使用方面的保护内容]

即使注明了产品的真实原产地，或者即使使用的是原产地名称或地理标志的翻译形式，或附加了"型""类""式""款""仿""法""如某地所产""像""似"等类似字样，第一款第（一）项亦应适用于构成模仿的对原产地名称或地理标志的使用。[①]

三、[商标中的使用]

在不损害第十三条第一款的情况下，如果一个在后商标的使用将导致第一款所包括的情况之一，缔约方应在其立法允许时依职权，或者应利害关系人的请求，驳回该商标注册或宣告其注册无效。

第十二条　防止成为通用名称

在不违反本文本规定的情况下，已注册原产地名称和已注册地理标志不能被认为已在一个缔约方成为通用名称。[②]

第十三条　对其他权利的保障

一、[在先商标权]

本文本的规定不损害在缔约方善意申请或注册的在先商标，或者通过善意使用获得的在先商标。缔约方的法律对商标赋予的权利规定了有限例外，使此种在先商标在某些情况下不能使其所有人有权阻止已注册原产地名称或地理标志在该缔约方被给予保护或被使用的，已注册原产地名称或

---

① 关于第十一条第二款的议定声明：各方达成共识，为本文本的目的，构成原产地名称或地理标志的名称或标志中的某些要素在原产缔约方具有通用性时，不得依据本款在其他缔约方要求保护。为进一步明确，依据第十一条的条款在缔约各方对商标作出的驳回或无效宣告，或者认定侵权，不能基于具有通用性的组成部分。

② 关于第十二条的议定声明：各方达成共识，为本文本的目的，第十二条不损害本文本有关在先使用的规定的适用，因为在国际注册之前，构成原产地名称或地理标志的名称或标志可能已全部或部分在原产缔约方以外的一个缔约方成为通用名称，原因例如该名称或标志，或该名称或标志的一部分，与该缔约方通用语中作为一项产品或服务通用名的惯用词相同，或者与该缔约方的一个葡萄品种的惯用名相同。

地理标志所受的保护不得以任何其他方式限制该商标所赋予的权利。

二、[商业中使用的人名]

本文本的规定不得损害任何人在贸易过程中使用其人名或者前业主人名的权利，但以误导公众的方式使用此种人名的除外。

三、[基于植物或动物品种名称的权利]

本文本的规定不得损害任何人在贸易过程中使用植物品种名称或动物品种名称的权利，但以误导公众的方式使用此种植物品种名称或动物品种名称的除外。

四、[通知撤回驳回或给予保护时的保障]

缔约方已经依第十五条、以依据本条所述的在先商标或其他权利进行的使用为由驳回一项国际注册效力，又依第十六条通知撤回该驳回，或者依第十八条通知给予保护，则原产地名称或地理标志由此受到的保护不得损害该权利或其使用，除非保护是在该权利被注销、未续展、被撤销或宣告无效后给予的。

第十四条　权利行使程序和救济

每一缔约方应为保护已注册原产地名称和已注册地理标志提供有效的法律救济，并应规定，旨在确保已注册原产地名称和已注册地理标志得到保护的法律程序，可以根据该缔约方的法律制度和惯例，由一个公共机构或任何利害关系人提起，不论其是自然人还是法律实体，公共还是私营。

第四章　驳回及有关国际注册的其他行动

第十五条　驳回

一、[驳回国际注册的效力]

（一）缔约方的主管机构可以在实施细则规定的时限内通知国际局驳回一项国际注册在其领土内的效力。驳回通知可以由主管机构在其立法允许时依职权作出，也可以应利害关系人的请求作出。

（二）驳回通知应列出驳回所依据的理由。

二、[根据其他文书给予保护]

驳回通知不得有损于有关名称或标志依据第十条第二款可能在驳回所涉的缔约方得到的任何其他保护。

三、[向利害关系人提供机会的义务]

每一缔约方应向可能被一项国际注册影响利益的任何人提供合理的机会，使其可以要求主管机构就国际注册发出驳回通知。

四、[驳回的登记、公布和函告]

国际局应将驳回和驳回理由在国际注册簿上登记。国际局应公布驳回和驳回理由，并将驳回通知函告原产缔约方的主管机构，申请系依据第五条第三款直接提交的，函告受益各方或第五条第二款第2目所述的自然人或法律实体以及原产缔约方的主管机构。

五、[国民待遇]

每一缔约方应使受驳回影响的利害关系人可以采用与其本国国民在原产地名称或地理标志被驳回保护方面可以采用的相同的司法和行政救济。

第十六条　撤回驳回

驳回可以按实施细则中规定的程序撤回。撤回应在国际注册簿上登记。

第十七条　过渡期

一、[可以给予过渡期]

在不损害第十三条的情况下，缔约方未以第三方的在先使用为由驳回国际注册的效力，或者已经撤回此种驳回，或者已经通知给予保护的，如果其立法允许，可以按《实施细则》的规定给予一定期限，以结束此种使用。

二、[过渡期的通知]

缔约方应依实施细则规定的程序，将任何此种期限通知国际局。

第十八条　给予保护的通知

缔约方的主管机构可以通知国际局，对已注册原产地名称或地理标志给予保护。国际局应将任何此种通知在国际注册簿上登记并予以公布。

第十九条　无效宣告

一、[维护权利的机会]

宣告一项国际注册在缔约方领土内部分或全部无效，只有在给予受益各方维护其权利的机会之后才能作出。此种机会亦应给予第五条第二款第2目所述的自然人或法律实体。

二、[通知、登记和公布]

缔约方应将对国际注册的无效宣告通知国际局，国际局应将无效宣告在国际注册簿上登记并予以公布。

三、[根据其他文书给予保护]

无效宣告不得有损于有关名称或标志依据第十条第二款可能在宣告国际注册无效的缔约方得到的任何其他保护。

第二十条　变更和国际注册簿上的其他登记事项

国际注册变更和国际注册簿上其他登记事项的办理程序，由实施细则规定。

第五章　行政条款

第二十一条　里斯本联盟的成员

缔约各方不论是否参加里斯本协定或 1967 年文本，均与参加里斯本协定或 1967 年文本的国家为同一特别联盟的成员。

第二十二条　特别联盟的大会

一、[组成]

（一）缔约各方与参加 1967 年文本的国家为同一大会的成员。

（二）每一缔约方由一名代表出席，该代表可以由副代表、顾问和专家协助。

（三）每一代表团应承担自己的费用。

二、[任务]

（一）大会应：

1. 处理有关维持和发展特别联盟及有关实施本文本的一切事项；

2. 适当考虑未批准或未加入本文本的特别联盟成员的任何意见，就第二十六条第一款所述修订会议的筹备工作向总干事作出指示；

3. 修正实施细则；

4. 审查和批准总干事有关特别联盟的报告和活动，并就特别联盟权限内的事项向总干事作出一切必要的指示；

5. 决定特别联盟的工作计划，通过特别联盟的两年期预算，并批准决算；

6. 通过特别联盟的财务条例；

7. 为实现特别联盟的目标，设立大会认为适当的委员会和工作组；

8. 决定接纳哪些国家、政府间组织和非政府组织作为观察员参加大会的会议；

9. 通过对第二十二条至第二十四条以及第二十七条的修正；

10. 为实现特别联盟的目标采取任何其他的适当行动，并履行与本文本有关的其他适当职能。

（二）对于与产权组织所辖其他联盟同样相关的事项，大会应在听取产权组织协调委员会的意见后作出决定。

三、[法定人数]

（一）有权就某一事项表决的大会成员的半数构成就该事项表决的法定人数。

（二）尽管有第（一）项的规定，如果在任何一次会议上，系国家、有权就某一事项表决且出席会议的大会成员的数目不足系国家且有权就该事项表决的大会成员的半数，但达到或超过三分之一，大会可以作出决定，但除关于大会自身程序的决定以外，所有决定只有符合下列条件才能生效。国际局应将所述决定通知系国家、有权就所述事项表决且未出席会议的大会成员，请其于函告之日起三个月期限内以书面形式进行表决或表示弃权。该期限届满时，以这种方式进行表决或表示弃权的此种成员的数目达到构成会议本身法定人数所缺的成员数目，只要同时仍然达到所需的多数，此种决定即应生效。

四、[在大会上作决定]

（一）大会应努力通过协商一致作出决定。

（二）无法通过协商一致作出决定的，应通过表决对争议事项作出决定。在此种情况下，

　1. 凡属国家的每一缔约方应有一票，并只能以其自己的名义表决；并且

　2. 凡属政府间组织的缔约方可以代替其成员国表决，其票数与其参加本文本的成员国数目相等。如果此种政府间组织的任何一个成员国行使表决权，则该组织不得参加表决，反之亦然。

（三）对于仅与受 1967 年文本约束的国家相关的事项，不受 1967 年文本约束的缔约方没有表决权，而对于仅与缔约方相关的事项，只有缔约方才有表决权。

五、[多数]

（一）除第二十五条第二款和第二十七条第二款另有规定外，大会作出决定需要所投票数的三分之二。

（二）弃权不视为投票。

六、[开会]

（一）大会由总干事召集举行会议，如无例外情况，应与产权组织大会同时同地举行。

（二）经四分之一的大会成员要求，或经总干事本人发起，大会由总干事召集举行特别会议。

（三）每次会议的议程由总干事制定。

七、[议事规则]

大会应通过自己的议事规则。

第二十三条　国际局

一、[行政任务]

（一）国际注册和有关工作，以及与特别联盟相关的其他一切行政任

务，由国际局执行。

（二）国际局尤其应为大会以及大会可能设立的委员会和工作组筹备会议并提供秘书处。

（三）总干事是特别联盟的最高行政官员，并代表特别联盟。

二、［国际局在大会及其他会议中的作用］

总干事及其指定的任何工作人员应参加大会以及大会设立的委员会和工作组的所有会议，但没有表决权。总干事或其指定的一名工作人员是此种机构的当然秘书。

三、［会议］

（一）国际局应按照大会的指示，筹备任何修订会议。

（二）国际局可以就所述筹备工作与政府间组织及国际和国家非政府组织进行协商。

（三）总干事及其指定的人员应参加修订会议的讨论，但没有表决权。

四、［其他任务］

国际局应执行向其分派的与本文本有关的任何其他任务。

第二十四条　财务

一、［预算］

特别联盟的收入和支出应以公正透明的方式列入产权组织的预算。

二、［预算资金来源］

特别联盟的收入来自以下来源：

1. 依第七条第一款和第二款收取的费用；

2. 国际局出版物的售款或版税；

3. 捐赠、遗赠和补助金；

4. 房租、投资收入和其他收入，包括杂项收入；

5. 缔约各方的特别会费或来自缔约各方或受益各方的任何其他来源，或者特别会费加上此种其他来源，条件是第 1 目至第 4 目中所指来源的收款不足以支付开支，在不足的范围内，经大会决定收取。

三、[费用的确定：预算的数额]

（一）第二款所述费用的数额由大会根据总干事的提议确定，确定的数额应使特别联盟的收入加上依第二款从其他来源取得的收入，在正常情况下足以支付国际局维持国际注册服务的支出。

（二）如果产权组织的计划和预算在新的财政期间开始前未获通过，对总干事承担债务和支用款项的授权应与上一财政期间的水平相同。

四、[第二款第 5 目所述特别会费的确定]

为确定其会费，每一缔约方应属于与其在巴黎公约下所属等级相同的等级；缔约方不是巴黎公约缔约方的，属于与其如果是巴黎公约缔约方将属于的等级相同的等级。政府间组织视为属于会费第一级，除非大会一致作出其他决定。会费应按大会的决定，根据源自缔约方的注册数进行部分加权。

五、[周转基金]

特别联盟应设周转基金，在特别联盟作出决定时，由特别联盟每一成员垫付的缴款组成。基金不足时，大会可以决定增加基金。缴款的比例和方式由大会根据总干事的提议确定。如果特别联盟在任何财政期间的收支相抵后记有盈余，经总干事提议并由大会决定，可以按照成员初始缴款额的比例，将周转基金垫款返还每一成员。

六、[东道国的垫款]

（一）应在与产权组织总部所在地国家达成的总部协定中规定，凡周转基金不足时，该国应提供垫款。此种垫款的数额与提供垫款的条件由该国和产权组织每次分别签署协议。

（二）第（一）项所述的国家及产权组织均有权以书面通知废止提供垫款的义务。废止应于通知当年年底起三年后生效。

七、[账目的审计]

账目的审计应按产权组织财务条例的规定，由特别联盟一个或多个成员国实行，或者由外部审计人员实行。此种国家或审计人员由大会征得该

国或该人同意后指定。

第二十五条　实施细则

一、[内容]

实施本文本的细节应在实施细则中规定。

二、[实施细则某些规定的修正]

（一）大会可以决定，实施细则的某些规定需要一致同意才能修正，或者需要四分之三多数同意才能修正。

（二）为使一致同意或四分之三多数的要求将来不再适用于实施细则某项规定的修正，需要获得一致同意。

（三）为使一致同意或四分之三多数的要求将来适用于实施细则某项规定的修正，需要四分之三多数同意。

三、[本文本与实施细则相抵触]

本文本的规定与实施细则的规定发生抵触时，以前者的规定为准。

第六章　修订和修正

第二十六条　修订

一、[修订会议]

本文本可以由缔约各方的外交会议修订。召开任何外交会议，应由大会决定。

二、[若干条款的修订或修正]

第二十二条至第二十四条和第二十七条可以由修订会议修正，也可以由大会根据第二十七条的规定修正。

第二十七条　大会对若干条款的修正

一、[修正案]

（一）修正第二十二条至第二十四条或修正本条的提案，可以由任何缔约方提出，也可以由总干事提出。

（二）此类提案至少应于大会审议六个月前由总干事函告缔约各方。

二、[多数]

通过第一款所述各条的任何修正，需要四分之三多数，但通过第二十二条或本款的任何修正，需要五分之四多数同意。

三、[生效]

（一）除第（二）项适用的情况外，第一款所述各项的任何修正，应在总干事收到该修正通过时为大会成员且有权对该修正表决的四分之三的缔约方依各自宪法程序作出书面接受通知起一个月后生效。

（二）第二十二条第三款或第四款或本项的任何修正，在大会通过后六个月内有任何缔约方通知总干事不予接受的，不得生效。

（三）根据本款各项规定生效的任何修正，应对修正生效时为缔约方或在之后成为缔约方的所有国家和政府间组织具有约束力。

第七章　最后条款

第二十八条　成为本文本的缔约方

一、[资格]

除第二十九条以及本条第二款和第三款另有规定外。

1. 参加巴黎公约的任何国家均可签署本文本，成为本文本的缔约方；

2. 产权组织的任何其他成员国，如果声明其立法符合巴黎公约有关原产地名称、地理标志和商标的规定，可以签署本文本，成为本文本的缔约方；

3. 任何政府间组织如果至少有一个成员国参加巴黎公约，并声明其根据其内部程序被正式授权要求成为本文本的缔约方，而且根据该政府间组织的组成条约，依适用的立法可以取得地理标志区域保护权利的，该政府间组织可以签署本文本，成为本文本的缔约方。

二、[批准或加入]

第一款所述的任何国家或政府间组织。

1. 已签署本文本的，可以交存批准书；

2. 未签署本文本的，可以交存加入书。

三、[交存的生效日期]

（一）除第（二）项另有规定外，交存批准书或加入书的生效日期为交存该文书的日期。

（二）政府间组织的成员国交存批准书或加入书，如果在该国的原产地名称或地理标志保护只能依据政府间组织成员国之间适用的立法获得，而该政府间组织交存批准书或加入书的日期晚于该国交存文书的日期，则该国交存批准书或加入书的生效日期为该政府间组织交存文书的日期。然而，本项不适用于参加里斯本协定或 1967 年文本成员的国家，也不损害第三十一条对这些国家的适用。

第二十九条　批准和加入的生效日期

一、[应予考虑的文书]

为本条之目的，只有第二十八条第一款所述的国家或政府间组织交存并依第二十八条第三款有生效日期的批准书或加入书才应予以考虑。

二、[本文本的生效]

本文本应在五个第二十八条所述的有资格的有关方交存批准书或加入书三个月后生效。

三、[批准和加入的生效]

（一）在本文本生效日三个月前或逾三个月前交存批准书或加入书的任何国家或政府间组织，于本文本生效之日起受本文本约束。

（二）任何其他国家或政府间组织，于其交存批准书或加入书之日起三个月后受本文本约束，文书中指明更晚日期的，于指明的日期生效。

四、[加入前进行的国际注册]

在拟加入国家的领土内，缔约方是政府间组织的，则在该政府间组织的组成条约所适用的领土内，本文本的规定应适用于加入生效时已依据本文本注册的原产地名称和地理标志，但须符合第七条第四款以及第四章的规定，这些规定应比照适用。拟加入国家或拟加入的政府间组织还可以在批准书或加入书所附的声明中，依据实施细则中规定的有关程序，指明延长第十五条第一款所述的时限，并指明第十七条所述的各个期限。

第三十条 禁止保留

对本文本不得有保留。

第三十一条 里斯本协定和1967年文本的适用

一、[既参加本文本又参加里斯本协定或1967年文本的各国之间的关系]

既参加本文本又参加里斯本协定或1967年文本的各国，在其相互关系中只适用本文本。但是，对于依里斯本协定或1967年文本有效的原产地名称国际注册，各国给予的保护不得低于里斯本协定或1967年文本的要求。

二、[既参加本文本又参加里斯本协定或1967年文本的国家与参加里斯本协定或1967年文本但未参加本文本的国家之间的关系]

既参加本文本又参加里斯本协定或1967年文本的国家，在其与参加里斯本协定或1967年文本、但未参加本文本的国家的关系中，视具体情况，继续适用里斯本协定或1967年文本。

第三十二条 退约

一、[通知]

任何缔约方均可退出本文本，退约应通知总干事。

二、[生效日期]

退约于总干事收到通知之日起一年后生效，通知中指明更晚日期的，于指明的日期生效。对于退约生效时与退约缔约方有关的任何未决申请和任何生效国际注册，退约不影响本文本的适用。

第三十三条 本文本的语文；签字

一、[原始文本；正式文本]

（一）本文本的签字原件为一份，以中文、阿拉伯文、英文、法文、俄文和西班牙文签署，各该文种的文本同等作准。

（二）大会可能指定的其他语文的正式文本，由总干事在与有关政府

协商后制定。

二、[签字的时限]

本文本通过后即在产权组织总部开放供签署，期限一年。

第三十四条　保存人

总干事为本文本的保存人。

附件三　关于驰名商标保护规定的联合建议

保护工业产权巴黎联盟大会和世界知识产权组织大会，鉴于《保护工业产权巴黎公约》关于保护驰名商标的有关条款；建议各成员国将商标、工业品外观设计和地理标志常设委员会在第二次会议第二部分议程上通过的有关规定作为对驰名商标进行保护的指南，酌情适用；并建议有权注册商标的地区性政府间组织成员国中的巴黎联盟成员国或世界知识产权组织中成员国，提请所在组织考虑酌情采用本联合建议保护驰名商标。

该规定的内容如下：

第一条　定义

在本规定中：

一、"成员国"指保护工业产权巴黎联盟成员国和／或世界知识产权组织成员国；

二、"局"指由成员国授权进行商标注册的任何机构；

三、"主管机关"指成员国主管认定驰名商标，或主管实施驰名商标保护的行政、司法或准司法机关；

四、"企业标志"指用来识别自然人、法人、组织或协会的企业的任何标志；

五、"域名"指代表因特网数字地址的字母数字串。

第一章　驰名商标的认定

第二条　对商标在成员国是否驰名的认定

一、需考虑的因素

1.在认定商标是否驰名时，对能据以推断该商标是否驰名的任何因素，主管机关均应予以考虑。

2. 主管机关尤其应当考虑向其提交的含有能据以推断该商标驰名或不驰名的信息的因素，包括但不限于涉及以下信息的因素：

（1）该商标在相关公众中的了解或认知程度；

（2）该商标任何使用的持续时间、程度和地理范围；

（3）该商标任何宣传的持续时间、程度和地理范围，包括在交易会或展览会上对使用该商标的商品或服务所作的广告、宣传和展示；

（4）能反映该商标使用或被认知程度的任何注册或任何注册申请的持续时间和地理范围；

（5）该商标成功实施商标权的记录，尤其是为主管机关认定驰名的部分；

（6）该商标的相关价值。

3. 以上标准因素是用以帮助主管机关认定商标是否驰名的指导性因素，而非作出认定的前提条件。更确切地说，在每一案例中，驰名商标的认定取决于该案例的特殊情况。在某些案例中，可能全部因素都相关。在另一些案例中，可能部分因素相关。还在一些案例中，可能一个因素也不相关，而据以作出认定的可能是未在本款第2项中列举的其他因素。此种其他因素，可能会单独地或与本款第2项中列举的一个或多个因素一起，具有相关性。

二、相关公众

1. 相关公众应当包括，但不限于：

（1）使用该商标的那类商品或服务的实际或潜在的消费者；

（2）使用该商标的那类商品或服务的营销渠道所涉及的人员；

（3）经营使用该商标的那类商品或服务的商业界人员。

2. 如果一商标被某成员国认定至少为该国一个相关领域的公众所熟知，该商标应当被该成员国认定为驰名商标。

3. 如果一商标被某成员国认定至少为该国一个相关领域的公众所知晓，该商标可以被该成员国认定为驰名商标。

4.即使一商标未在某成员国中为任何相关公众所熟知，或者未为适用本款第3项的成员国中的任何相关公众所知晓，该成员国亦可将该商标认定为驰名商标。

三、不得要求的因素

1.成员国不得将下列因素作为认定驰名商标的条件：

（1）该商标已在该成员国中使用，或获得注册，或提出注册申请；

（2）该商标在除该成员国以外的任何管辖范围内驰名，或获得注册，或提出注册申请；或

（3）该商标在该成员国的全体公众中驰名。

2.尽管有本款第1项第（2）目的规定，适用本条第二款第4项的成员国可以要求该商标必须在除该成员国以外的一个或多个管辖范围内驰名。

第二章 驰名商标的保护范围

第三条 驰名商标的保护：恶意

一、驰名商标的保护成员国至少应自一商标在该国驰名之时起对该驰名商标进行有效保护，以排斥发生冲突的商标、企业标志或域名。

二、对恶意的考虑在适用本规定第二章时，可考虑将恶意作为评估竞争利益的诸多因素之一。

第四条 发生冲突的商标

一、发生冲突的商标

1.只要一商标或其主要部分构成对驰名商标的复制、模仿、翻译或音译，并使用、提出注册申请或注册在与驰名商标相同或类似的商品或服务上，易于造成混淆的，即应认为该商标与驰名商标发生冲突。

2.无论所使用、提出注册申请或注册的商品或服务如何，只要一商标或其主要部分构成对驰名商标的复制、模仿、翻译或音译，且至少符合下列条件之一的，即应认为该商标与驰名商标发生冲突：

（1）该商标的使用会暗示其使用、提出注册申请或注册的商品或服务

与驰名商标所有人之间存在联系，并且可能会损害驰名商标所有人的利益；

（2）该商标的使用可能会以不正当的方式削弱或者淡化驰名商标的显著性；

（3）该商标的使用会不正当地利用驰名商标的显著性。

3.尽管有第二条第三款第1项第（3）目的规定，适用本条第一款第2项第（2）目和第（3）目的成员国可以要求驰名商标必须在全体公众中驰名。

4.尽管有本条第二至第四款的规定，但：

（1）只要一商标在驰名商标于该成员国驰名之前，已于该国使用、注册或提出注册申请在与使用该驰名商标相同或类似的商品或服务上，便不得要求该成员国适用本条第一款第1项，以确定该商标是否与驰名商标发生冲突；

（2）只要一商标在驰名商标于该成员国驰名之前，已于该国特殊商品或服务上使用、提出注册申请，便不得要求该成员国适用本条第一款第2项，以确定该商标是否与驰名商标发生冲突；但对恶意使用、注册或提出注册申请的商标除外。

二、异议程序

如果适用法律允许第三方对商标的注册提出异议，按本条第一款第1项规定与驰名商标发生冲突应可构成提出异议的依据。

三、宣告无效的程序

1.驰名商标所有人，应有权自注册机构发布注册公告之日起不少于5年的期限内，要求主管机关作出裁决，宣布与其驰名商标发生冲突的商标注册无效。

2.如果主管机关可以主动对商标的注册宣告无效，自注册机构发布注册公告之日起不少于5年的期限内，与驰名商标发生冲突应作为作出此种宣布的依据。

四、禁止使用驰名商标

所有人应有权请求主管机关作出裁决，禁止使用与其驰名商标发生冲突的商标。允许提出此种请求的期限，应自驰名商标所有人知道该商标的使用之日起，不少于 5 年。

五、对依恶意注册或使用的不可以规定期限

1. 尽管有本条第三款的规定，如果与驰名商标发生冲突的商标是恶意注册的，成员国对于提出宣布该商标注册无效的请求不可以规定任何期限。

2. 尽管有本条第四款的规定，如果与驰名商标发生冲突的商标是依恶意使用的，成员国对于提出禁止使用该商标的请求不可以规定任何期限。

3. 根据本款确定是否有恶意时，主管机关应考虑注册或使用与驰名商标发生冲突的商标的人在对其商标提出注册申请时、获得注册时或使用时，是否知道或者是否有理由知道该驰名商标。

六、对已注册但未使用的不可以规定期限

尽管有本条第三款的规定，如果与驰名商标发生冲突的商标已经注册，但从未使用，成员国对于提出宣布该商标注册无效的请求不可以规定任何期限。

第五条　发生冲突的企业标志

一、发生冲突的企业标志

1. 只要一企业标志或其主要部分构成对驰名商标的复制、模仿、翻译或音译，且至少符合下列条件之一的，即应认为该企业标志与驰名商标发生冲突：

（1）该企业标志的使用会暗示使用该企业标志的企业与驰名商标所有人之间存在某种联系，并且可能会损害驰名商标所有人的利益；

（2）该企业标志的使用可能会以不正当的方式削弱或淡化驰名商标的显著性；

（3）该企业标志的使用会不正当地利用驰名商标的显著性。

2. 尽管有第二条第三款第 1 项第（3）目的规定，适用本条第一款第 1 项第（2）目和第（3）目的，成员国可以要求驰名商标在全体公众中驰名。

3. 只要一企业标志在驰名商标于该成员国驰名之前，已在该国使用、

181

注册或提出注册申请，便不得要求该成员国适用本条第一款第1项，以确定该企业标志是否与驰名商标发生冲突；但对恶意使用、注册或提出注册申请的商标除外。

二、禁止使用驰名商标

所有人应有权请求主管机关作出裁决，禁止使用与其驰名商标发生冲突的企业标志。允许提出此种请求的期限，应自驰名商标所有人知道该企业标志的使用之日起，不少于5年。

三、对依恶意注册或使用的不可以规定期限

1.尽管有本条第二款的规定，如果与驰名商标发生冲突的企业标志是依恶意使用的，成员国对于提出禁止使用该企业标志的请求不可以规定任何期限。

2.根据本款确定是否有恶意时，主管机关应考虑注册或使用与驰名商标发生冲突的企业标志的人，在对其企业标志提出注册申请时、获得注册时或使用时是否知道或者是否有理由知道该驰名商标。

第六条　发生冲突的域名

一、发生冲突的域名

一域名或其主要部分只要至少构成对驰名商标的复制、模仿、翻译或音译，且该域名是依恶意注册或使用的，即应认为该域名与驰名商标发生冲突。

二、撤销、转让驰名商标所有人应有权请求主管机关作出裁决，由相关域名注册机构撤销该域名的注册，或将其转让给驰名商标所有人。

附件四　联合国消费者保护准则

说明

联合国文件都用大写字母附加数字编号。凡是提到这种编号，就是指联合国的某一个文件。

本卷中表示的意见是作者的意见，并不必然反映联合国秘书处的意见。

本出版物采用的名称及其材料的编写方式，并不意味着联合国对于任何国家、领土、城市、地区或其当局的法律地位，或对于其边界或疆域的划分，表示任何意见。

本出版物的材料可自由援引或翻印，但需说明出处，并应向贸发会议秘书处（UNCTAD secretariat, Palais des Nations, 1211 Geneva10, Switzerland）送交一份载有引文或翻印部分的出版物。

UNCTAD/DITC/CPLP/MISC/2016/1

前言

《联合国消费者保护准则》（以下简称《准则》）是一套宝贵的原则，阐明了有效的消费者保护法规、执法机构和补救制度的主要特点。另外，《准则》协助有关会员国制定和执行适合自身经济、社会和环境情况的国内和区域法律、规则和条例，有助于促进会员国之间的国际执法合作，鼓励分享消费者保护方面的经验。

这套《准则》最初是大会 1985 年 4 月 16 日第 39/248 号决议通过的，此后经济及社会理事会 1999 年 7 月 26 日第 1999/7 号决议扩展了其中的内容，大会 2015 年 12 月 22 日第 70/186 号决议又作了修订并再次通过。

联合国贸易和发展会议推广《准则》，并鼓励有关会员国让人们了解会员国、工商界和民间社会在提供公共和私人商品和服务的过程中促进消费者保护的诸多途径。

目录

一、目标

1.考虑到所有会员国消费者，特别是发展中国家消费者的利益和需求，认识到消费者往往在经济能力、教育程度和议价能力方面处于劣势，并铭记消费者应有权获得无害产品，还有权促进公正、公平和可持续的经济和社会发展和环境保护，因此，本《准则》具有下列目标：

（a）帮助各国实现或保持对作为消费者的人口的适当保护；

（b）促进能满足消费者需要和愿望的生产和销售模式；

（c）鼓励消费品生产和销售者的高度道德行为；

（d）协助各国在国家和国际各级制止所有企业不利于消费者的舞弊商业做法；

（e）协助发展独立的消费者团体；

（f）推动消费者保护领域的国际合作；

（g）鼓励发展市场条件，向消费者提供价廉物美的商品和服务；

（h）促进可持续消费。

二、适用范围

2. 本《准则》适用于企业与消费者的交易，包括国有企业为消费者提供产品和服务。在本《准则》的范围内，消费者保护政策包括会员国为保护消费者权益，促进消费者福利制定的法律、条例、规则、框架、程序、决定、机制、方案，以及私营部门标准和建议。

3. 为本《准则》之目的，"消费者"一词通常指主要为个人、家庭或家居目的而消费的自然人，不论其国籍如何，同时认识到会员国可能采用不同的定义，以满足具体的国内需要。

三、总则

4. 会员国应制定、加强并维持强有力的消费者保护政策，同时考虑到下列准则和有关国际协定。为此，每个会员国都必须根据本国的经济、社会和环境情况以及民众的需求，并考虑到拟议措施的成本和效益，确定自己的消费者保护优先事项。

5. 本《准则》旨在满足以下合理需求：

（a）消费者能够获得基本商品和服务；

（b）保护弱势和处于不利地位的消费者；

（c）保护消费者的健康和安全免遭危害；

（d）促进和保护消费者的经济利益；

（e）消费者能获得适足信息，使他们能根据个人愿望和需要作出知情选择；

（f）开展消费者教育，包括关于消费者所作选择的环境、社会和经济后果的教育；

（g）提供有效的消费者争议解决与补救机制；

（h)可自由成立消费者组织和其他有关团体或组织，且这些组织有机

会在影响他们的决策过程中表达观点；

（i）促进可持续消费模式；

（j）为使用电子商务的消费者提供保护，其程度不低于使用其他形式商务的消费者得到的保护；

（k）保护消费者隐私和全球信息自由流动。

6. 不可持续的生产和消费模式，特别是工业化国家存在的此种模式，是全球环境持续恶化的主要原因。所有会员国都应努力提倡可持续的消费模式；发达国家应带头实现可持续的消费模式；发展中国家应在发展进程中力求实现可持续的消费模式，同时适当考虑到共同但有区别的责任原则。发展中国家在这方面的特殊情况和需要应得到充分考虑。

7. 促进可持续消费的政策应考虑到消除贫穷、满足社会所有成员的基本人类需要、减少国家内部和国家之间不平等的目标。

8. 会员国应为制定、执行和监测消费者保护政策提供或维持适当的基础设施。应特别注意确保消费者保护措施得到执行，造福于各阶层人民，特别是农村人民和穷人。

9. 所有企业都应遵守业务所在国的有关法律和条例。他们还应遵守有关国家主管当局认可的消费者保护国际标准的适当规定（下文在提及本《准则》中的国际标准时应以本段的含义为准）。

10. 在制定消费者保护政策时应考虑到大学和公私企业在研究中可发挥的潜在作用。

四、良好商业做法的原则

11. 在制定与消费者开展在线和离线商业活动的最佳商业做法基准时，应遵循下列原则：

（a）公正和公平对待消费者。企业在与消费者关系的所有阶段中都应公平和诚实，这应成为企业文化的组成部分。企业应避免损害消费者的做法，特别是避免损害弱势和处于不利地位消费者的做法；

（b）商业行为。企业不得对消费者采取非法、不道德、歧视性或欺骗性做法，如侮辱性的营销策略、粗暴的收债方法或可能给消费者造成不必要风险或损害的其他不当行为。企业及其授权的代理人应适当考虑消费者的利益，以保护消费者为己任；

（c）信息披露和透明度。企业应就货物和服务、条款、条件、有关费用和最后成本提供完整、准确、无误导的信息，使消费者能够作出知情决定。企业应确保不论使用何种技术手段，都容易获得上述信息，特别是关键条款和条件的信息；

（d）教育和提高认识。企业应酌情制订各项方案和机制，协助消费者获得必要的知识和技能，以了解包括财务风险在内的各种风险，能够作出知情决定，在需要时获得称职和专业的咨询意见与协助，最好是来自独立的第三方；

（e）保护隐私。企业应在收集和使用消费者个人数据时通过多种措施，如控制、安全、透明度和同意机制，保护消费者的隐私；

（f）消费者投诉和争议。企业应提供投诉处理机制，使消费者能迅速、公平、透明、廉价、便捷、迅速、有效地解决争议，不造成不必要的费用或负担。企业应考虑采用涉及内部投诉处理、非诉讼纠纷解决办法以及客户满意度守则方面的国内和国际标准。

五、准则

12. 下列准则应适用于国内生产和进口的产品和服务。

13. 在采用保护消费者的任何程序或条例时，应给予适当考虑，确保这些程序或条例不会成为国际贸易壁垒，并且符合国际贸易义务。

A. 保护消费者权益的国家政策

14. 会员国应制定鼓励下列行为的消费者保护政策：

（a）良好的商业行为；

（b）提供明确和及时的信息，便于消费者与企业取得联系，使监管和

执法当局能够确认和找到企业的所在位置。其中可包括企业身份、法律名称、业务名称、主要实体地址、网站、电子邮件地址或其他联络手段、电话号码、政府登记或许可证号码等信息;

（c）有关企业提供货物或服务的明确、及时的资料，以及有关交易的条款和条件;

（d）明确、简洁、易于理解、公平的合同条款;

（e）透明的交易确认、取消、退货、退款程序;

（f）安全的支付机制;

（g）公平、负担得起、快捷的争议解决与补救机制;

（h）消费者隐私和数据安全;

（i）消费者和企业教育。

15. 会员国应努力确保消费者保护执法机构具备所需的人力和财政资源，以促进有效遵守有关法规，使消费者在适当情况下得到补救或促进提供补救。

B.人身安全

16. 会员国应采取或鼓励采取适当措施，包括法律制度、安全条例、国家或国际标准、自愿标准和保管安全记录，确保产品可安全用于指定用途或通常可预见的用途。

17. 应通过适当政策确保制造商生产的产品可安全用于指定用途或通常可预见的用途。负责向市场输送商品的方面，特别是供应商、出口商、进口商、零售商等（下称"经销商"），应确保在其照管下的货物不会因储存或处理不当而变得不安全，不会因储存或处理不当而造成危害。应向消费者提供如何正确使用商品的说明，告知消费者指定用途或通常可预见的用途涉及的风险。应尽可能使用国际通用的标志向消费者说明关键的安全信息。

18. 应通过适当政策确保制造商和经销商在产品进入市场后一旦发现未能预见的危害，就毫不拖延地酌情通知有关当局和公众。会员国还应考虑如何确保消费者适当了解这种危害。

19. 会员国应当酌情制定政策，规定如发现某产品即使在正确使用的情况下也有严重缺陷和（或）构成重大、严重危害，则制造商和（或）经销商应该召回该产品，进行更换或改进，或使用另一产品替换；如果不能在合理时间内做到这一点，则消费者应得到适当赔偿。

C. 促进和保护消费者的经济利益

20. 会员国应设法使消费者能够从其经济资源获得最大利益。还应努力实现下列目标，即达成令人满意的生产和绩效标准、采用适当的经销方式、公平的商业做法、提供有用信息的营销方法、有效防止可能损害消费者经济利益和在市场上行使选择权的做法。

21. 会员国应加紧努力，确保制造商、经销商和其他参与提供货物和服务的方面遵守现行法律和强制性标准，以防止损害消费者经济利益的做法。应鼓励消费者组织监督各种不良做法，如食物掺假、虚假营销或误导性营销以及服务欺诈。

22. 会员国应视情况制定、加强或维持有关措施，控制限制性和其他可能有害于消费者的商业舞弊做法，包括为此类措施采取强制执行办法。在这方面，会员国应遵循大会在 1980 年 12 月 5 日第 35/63 号决议中通过的《管制限制性商业惯例的一套多边协议公平原则和规则》。

23. 会员国应通过或维持有关政策，明确说明制造商的责任，以确保商品满足耐用、实用和可靠的合理要求，适合商品既定的用途，且卖方应确保这些要求得到满足。在服务的提供方面也应采用类似政策。

24. 会员国应鼓励公平和有效竞争，从而以最低成本为消费者提供最大选择范围的产品和服务。会员国应确保其消费者保护政策不被用来保护国内企业免受竞争，或被不公平地适用。

25. 会员国应酌情确保制造商和（或）零售商提供充分、可靠的售后服务和备件。

26. 应保护消费者免遭合约舞弊行为，如偏袒一方的标准式合同，在

合同中排除基本权利，以及销售方提供的不合理信贷条件。

27. 促销和销售做法应以公平对待消费者为指导原则，并应符合法律规定。这要求提供必要信息，使消费者能够做出知情和独立的决定，并采取措施确保所提供的信息准确无误。

28. 会员国应鼓励所有有关方面参与涉及消费产品的全面、准确信息的自由流动。

29. 应通过提供产品概况介绍、行业环境报告、消费者信息中心、自愿和透明的生态标签计划以及产品信息热线，鼓励消费者获得关于产品和服务对环境影响的准确信息。

30. 会员国应与制造商、经销商和消费者组织密切合作，对广告和其他营销活动中的误导性环保说法或信息采取措施。应鼓励制定适当的广告法规和标准，以监管和核实环保说法。

31. 会员国应在本国自身条件范围内，鼓励企业与消费者组织合作，制定和执行营销守则和其他业务做法，确保充分保护消费者。企业、消费者组织和其他有关方面也可共同订立自愿协议。应充分宣传这些守则。

32. 会员国应经常审查度量衡相关立法，并评估执法机制是否适当。

D. 消费品和服务的安全和质量标准

33. 会员国应在国家和国际各级为产品和服务的安全和质量酌情制定或促进拟定和执行自愿标准和其他标准，并进行适当宣传。应不时审查产品安全和质量的国家标准和条例，以确保其尽可能符合国际公认标准。

34. 如果出于当地经济条件原因采用的标准低于国际公认标准，则应全力尽快提高当地标准。

35. 会员国应鼓励和确保提供设施，用以测试和证明基本消费品和服务的安全、质量和性能。

E. 基本消费品和服务的分销设施

36. 会员国应酌情考虑：

（a）采取或维持有关政策，以确保向消费者高效分销产品和服务；适当时应考虑具体政策，确保在分销受阻之地，尤其在农村地区，基本的产品和服务得以分发。这类政策可包括帮助在农村中心地带建立适当的储存和零售设施，鼓励消费者自助，促使他们更好地掌握在农村地区提供基本商品和服务的条件；以及

（b）鼓励建立消费者合作社，开展相关交易活动，以及收集这方面的信息，特别是在农村地区。

F. 争议解决与补救

37. 会员国应鼓励制定公平、有效、透明和公正的机制，通过行政、司法和争议解决替代方法，处理消费者投诉，包括跨国界案件。会员国应订立或维持法律和（或）行政措施，使消费者或相关组织通过迅速、公平、透明、低廉和开放的正规或非正规程序获得补救。这些程序应特别考虑到弱势和处于不利地位的消费者的需求。会员国应向消费者提供获得补救的手段，这些手段不费钱、不拖延、不造成不必要的经济损失，同时，也不给社会和企业带来过度或不当负担。

38. 会员国应鼓励所有企业以快速、公平、透明、价廉、便捷和非正式的方式解决消费者争议，并建立能够向消费者提供援助的自愿机制，包括咨询服务和非正式投诉程序。

39. 应向消费者提供信息，说明现有的补救程序和其他解决争议程序。应改进诉诸争议解决与补偿机制的途径，包括诉诸争议解决替代方法的途径，在跨境争议中更应如此。

40. 会员国应确保集体解决程序快速、透明、公平、价廉，消费者和企业均可使用，涉及过度负债和破产案件的程序也应如此。

41. 会员国应配合企业和消费者团体，帮助消费者和企业更好地了解如何避免争议、消费者可以使用哪些争议解决与补救机制，以及消费者可以向谁投诉。

G. 教育和宣传方案

42. 会员国应拟订或鼓励拟订普通消费者教育和宣传方案，包括传播

信息，说明消费者所作选择和行为对环境的影响，消费改变可能造成的后果，包括益处和代价为何，同时铭记相关民众的文化传统。这些方案的宗旨应为：帮助人们成为有鉴别力的消费者，使他们能够对产品和服务作出知情选择，并意识到自身的权利和责任。在制订这类方案时，应特别重视满足农村和城市地区弱势和处于不利地位的消费者的需求，包括满足低收入、文盲和半文盲消费者的需求。消费者团体、企业和其他相关民间社会组织都应当参与这些教育工作。

43. 消费者教育应酌情成为教育系统基本课程的一个组成部分，最好是现有科目的一部分。

44. 消费者教育和宣传方案应涵盖有关消费者保护的以下重要方面：

（a）健康、营养、防止经食物传播的疾病和食物掺假；

（b）产品危害；

（c）产品标签；

（d）相关立法，如何利用争议解决机制并获得补救，以及消费者保护机构和组织；

（e）关于度量衡、价格、质量、信贷条件和获得基本必需品的信息；

（f）环境保护；

（g）电子商务；

（h）金融服务；

（i）高效率利用材料、能源和水。

45. 会员国应鼓励消费者组织和其他有关团体，包括媒体，开展教育和宣传方案，传播关于消费模式对环境的影响、消费改变可能造成的后果，包括益处和代价为何等信息，这对农村和城市地区的低收入消费者群体特别有益。

46. 企业应酌情采取或参与有事实依据和相关性的消费者教育和宣传方案。

47. 会员国应注意顾及农村消费者和文盲消费者的需要，酌情拟订或鼓励拟订消费者信息方案，通过大众媒体或通过其他发放渠道将信息发送至此类消费者。

48.会员国应组织或支持针对教育工作者、媒体专业人员和消费者顾问的培训方案，使他们能够参与执行消费者信息和教育方案。

H.促进可持续消费

49.可持续消费包括以经济、社会和环境可持续方式满足今世后代对产品和服务的需求。

50.可持续消费的责任由全体社会成员和组织共同担当，其中，知情消费者、会员国、企业、劳工组织、消费者组织和环境组织的角色尤其重要。知情消费者可借助其选择对生产者产生影响等方式，发挥关键作用，促进以在环境、经济和社会方面可持续的方式进行消费。会员国应推动制定和执行可持续消费政策，并促使这些政策与其他公共政策相结合。会员国决策时应与企业、消费者组织和环境组织以及其他有关团体协商。企业有责任通过设计、制作和分销产品和服务促进可持续消费。消费者组织和环境组织有责任提倡公众参与可持续消费并为之展开辩论，它们有责任为消费者提供信息，并有责任与会员国和企业合作实现可持续消费。

51.会员国应与企业和相关民间社会组织一道，制订和执行促进可持续消费战略。这些战略有各种政策组合，其中可包括：规章；经济和社会手段；土地使用、运输、能源和住房等领域的部门政策；提高对消费模式影响的认知的信息方案；取消用以鼓励不可持续的消费和生产模式的补贴；以及提倡针对具体部门的环境管理的最佳做法。

52.会员国应鼓励在设计、开发和使用产品和服务时，顾及其整个生命周期的影响，做到安全、节能和节省资源。会员国应推动回收方案，鼓励消费者回收废物和购买回收再利用产品。

53.会员国应推动制定和使用关于产品和服务的国家和国际环境健康和安全标准；此类标准不应造成变相的贸易壁垒。

54.会员国应鼓励对产品作公正的环境测试。

55. 会员国应安全地管理环境有害物质的使用并鼓励各方为此开发无害环境的替代办法。在分销新的潜在危险物质之前，应就其对环境的长期影响作科学评估。

56. 会员国应加强宣传可持续消费和生产模式对健康的好处，同时铭记环境保护对个人健康和集体效应的直接影响。

57. 会员国应与私营部门和其他相关组织一道，鼓励改变不可持续的消费模式，通过开发和使用无害环境新产品、新服务和新技术，包括信息和通信技术，做到既能满足消费者需求，又能减少污染和自然资源的消耗。

58. 鼓励各会员国建立或加强有效监管机制，并涵盖可持续消费方面，以保护消费者。

59. 会员国应考虑采用一系列经济手段。例如，财政手段和内部消化环境费用，以促进可持续消费；顾及社会需求，考虑必须遏制不可持续行为，奖励多采用可持续做法，同时避免对市场准入造成潜在不利影响，特别是对发展中国家市场准入造成潜在不利影响。

60. 会员国应与企业和其他相关团体合作，制定指标、方法和数据库，以衡量在全面实现可持续消费方面的进展。这一信息应当公开发布。

61. 会员国和国际机构应在自己的业务中，尤其是通过自身的采购政策，率先采取可持续做法。会员国采购应酌情鼓励开发和使用无害环境产品和服务。

62. 会员国和其他相关组织应促进研究与损害环境有关的消费者的行为，以确定如何使消费模式更具可持续性。

I. 电子商务

63. 会员国应努力提高消费者对电子商务的信心，继续制定透明和有效的消费者保护政策，确保电子商务提供的保护程度不低于其他商务形式提供的保护程度。

64. 会员国应当酌情审查现有的消费者保护政策，以顾及电子商务的特点，并确保消费者和企业都知道和了解他们在数字市场的权利和义务。

65.会员国不妨审议有关电子商务的国际准则和标准及其修订案文，按照自身的经济、社会和环境条件酌情加以调整，使之得以遵循，并能够与其他会员国跨境合作，予以实施。为此，会员国不妨研究《经济合作与发展组织关于在电子商务中保护消费者的准则》。

J.金融服务

66.会员国应酌情形成或鼓励形成：

（a）保护金融消费者的监管和执法政策；

（b）有必要权力和资源、能够执行任务的监督机构；

（c）保护存款等消费者资产的适当控制措施和保险机制；

（d）更好地推广理财知识的金融教育战略；

（e）公平待遇和适当披露，确保金融机构也要为其受权代理人的行动承担责任。金融服务提供者应当制定关于利益冲突的书面政策，帮助发现潜在的利益冲突情况。若金融服务提供者与第三方可能发生利益冲突，则应披露给消费者，确保避免因利益冲突可能使消费者受到损害；

（f）金融服务提供者和受权代理人负责任的企业行为，包括负责任的放贷和销售适合消费者需求和财力的产品；

（g）保护消费者金融资料的适当控制措施，包括使其免遭欺诈和滥用；

（h）一个可以提高汇款成本效率和透明度的监管框架，以便向消费者提供明确信息，说明资金转移价格和交付情况、汇率、所有费用及与资金转移有关的任何其他费用，以及资金转移不成的补救办法。

67.会员国应采取措施，加强和整合关于金融普惠、金融教育和保护消费者获得和利用金融服务的消费者政策。

68.会员国不妨审议关于金融服务的相关国际准则和标准及其修订案文，并酌情将这些准则和标准用于其经济、社会和环境中，以便予以遵守，并协同其他会员国跨界执行。在此过程中，会员国不妨研究经济合作与发展组织与20国集团的保护金融消费者高级别原则以及《20国集团的创新型普惠金融原则》和《世界银行保护金融消费者良好做法》。

K. 涉及具体领域的措施

69. 在推动消费者利益，特别是在发展中国家进行推动方面，会员国应当酌情优先考虑事关消费者健康的领域，如食品、水、药品、能源和公用事业，并探讨旅游业的特殊性。会员国应采取或支持关于产品质量控制、充足和可靠的配送设施、国际标签和信息标准化以及这些领域的教育和研究方案的各种政策。会员国应根据本文件各项规定制定关于特定领域的准则。

70. 食品。在制定关于食品的国家政策和计划时，会员国应考虑到所有消费者的食品安全需求，并支持和尽可能通过联合国粮食及农业组织（粮农组织）标准和世界卫生组织食品标准法典，或在未有此类标准情形时，支持并通过其他公认的国际食品标准。会员国应支持、制定或改善粮食安全措施，除其他外，还包括安全标准、食品标准和饮食要求以及有效的监测、检查和评价机制。

71. 会员国应推动可持续农业政策和做法、保护生物多样性及保护土壤和水，同时考虑到传统知识。

72. 水。会员国应根据为国际饮水供应和卫生十年制定的目标和具体目标，制定、维继或加强改善饮水供应、分配和质量的国家政策。会员国应适当注意选择水平适当的服务、质量和技术、教育方案需求和社区参与的重要性。

73. 会员国应高度优先制定和执行关于水的多种用途的政策和方案，同时考虑到水对整个可持续发展的重要性及其作为资源的有限性。

74. 药品。会员国应制定或保持适足标准、规定和适当的监管系统，通过国家综合药物政策确保药品质量和适当使用，除其他外，这些政策还应涉及药品的采购、分销、生产、许可证安排、登记制度和提供关于药品的可靠信息。在这样做时，会员国应当特别考虑到世界卫生组织关于药品的工作和建议。关于相关产品，应鼓励采用该组织的国际商业流通药品质量认证计划及其他关于药品的国际信息系统。还应酌情采取措施，促进采用药品的国际非专利商标名称，并借鉴世界卫生组织所做工作。

75. 除上述优先领域外，会员国还应在杀虫剂和化学品等其他领域，就其使用、生产和储存事项相应采取适当措施，同时考虑到会员国可能要求生产者提供并列入产品标签的相关健康和环境信息。

76. 能源。会员国应当促进普遍获得清洁能源以及制定、保持或加强国家政策，以期改善根据消费者经济情况向其提供的负担得起的能源的供应、分配和质量。应注意选择水平适当的服务、质量和技术、监管监督、提高认识方案需求和社区参与的重要性。

77. 公用事业。会员国应当促进普遍享用公用事业以及制定、保持或加强国家政策，改善关于服务提供、消费者信息、保证金和服务预付款、迟付费用、终止和恢复服务、制订付款计划、消费者和公用事业服务提供方之间争议解决的规则和法规，同时考虑到弱势和处于不利地位的消费者的需求。

78. 旅游业。会员国应当确保消费者保护政策足以应对与旅游有关的产品和服务的销售和提供，包括但不限于旅行、旅客住宿和分时度假。会员国尤其要应对这类活动提出的跨界挑战，包括与其他会员国开展执行合作和信息共享，还要与旅游业和旅游部门相关利益攸关方合作。

六、国际合作

79. 会员国特别是在区域或次区域中应该：

（a）酌情制定、审查、保持或加强国家消费者保护政策和措施的信息交流机制；

（b）合作执行或鼓励合作执行消费者保护政策，以便利用现有资源取得更大成果。此类合作实例有，协同建立或联合使用检测设施、共同测试程序、交流消费者信息和教育方案、联合培训方案和联合拟订条例；

（c）开展合作，改善向消费者提供生活必需品的状况，同时适当考虑价格和质量因素。此种合作可包括联合采购基本货物、交流关于各采购机

会的信息并对区域产品规格达成协定。

80. 会员国应制定或加强关于被禁、撤回或严格限制的产品的信息链接，以便其他进口国能够充分保护自己免受这类产品的有害影响。

81. 会员国应努力确保产品质量和产品信息不因国家而异，从而确保消费者不会受到不利影响。

82. 会员国应当提高合作打击跨界商业欺诈和欺骗行为的能力，因为这符合重要的公共利益，同时确认，被要求配合的消费者保护执行机构仍可酌情决定是否根据本《准则》就特定调查或案件开展合作。

83. 会员国的消费者保护执行机构应协调调查和执法活动，以便避免干扰消费者保护执行机构在其他司法管辖领域的调查和执法活动。

84. 会员国的消费者保护执行机构应该尽一切努力解决可能出现的关于合作的分歧。

85. 会员国及其消费者保护执行机构应利用现有国际网络，缔结适当的双边和多边安排和其他措施来执行本《准则》。

86. 会员国应使其消费者保护政策机构会同消费者保护执行机构发挥领导作用，制定打击本《准则》所述的商业欺诈和欺骗行为的框架。

87. 请会员国指定一个消费者保护执行机构或消费者保护政策机构担任联络机构，以便为根据本《准则》开展合作提供便利。指定这些机构是为了补充而非取代其他合作方式。这类指定应知会秘书长。

88. 会员国应授权消费者保护执行机构调查、追查、获取和酌情分享相关信息和证据，尤其是涉及影响消费者的跨界商业欺诈和欺骗行为的信息和证据。这一授权应扩展至配合外国消费者保护执行机构和其他有关外国同行。

89. 会员国应当考虑参与多边和双边安排，以促进国际司法和机构间合作，追回外国资产和执行跨界案裁定。

90. 会员国在考虑向其消费者保护执行机构进行法律授权时，不妨考虑关于保护消费者免受跨界商业欺诈和欺骗行为的相关国际准则和标准，并酌情根据本国情况调整这些准则和标准。在此过程中，会员国不妨研究《经济合作与发展组织保护消费者免受跨界商业欺诈和欺骗行为的准则》。

91. 为促进可持续消费，会员国、国际机构和企业应共同努力，发展、转让和传播无害环境的技术，包括发达国家为此提供适当的财政支持，并制定新的和创新的、在所有国家之间，特别是向发展中国家和经济转型国家及其之间转让技术的融资机制。

92. 会员国和国际组织应酌情促进可持续消费领域的能力建设并为其提供便利，特别是在发展中国家和经济转型国家。特别是，会员国还应促进消费者团体和其他有关民间社会组织之间的合作，以便加强这一领域的能力。

93. 会员国和国际机构应酌情促进与消费者教育和信息有关的方案。

94. 会员国应致力于确保消费者保护政策和措施得到执行，并适当考虑到这些政策和措施不会阻碍国际贸易，并确保其与国际贸易义务保持一致。

七、国际体制机制

A. 体制安排

95. 在联合国贸易和发展会议贸易和发展理事会某个现有委员会的框架内运作的一个消费者保护法律和政策政府间专家组将制定体制机制。

96. 会员国应在国家或区域各级采取适当步骤执行本《准则》。

B. 消费者保护法律和政策政府间专家组的职能

97. 消费者保护法律和政策政府间专家组应具有下列职能：

（a）提供一个年度论坛和模式，以便会员国就本《准则》相关事项，特别是其执行以及由此产生的经验开展多边协商、讨论和意见交换；

（b）根据会员国的共识和利益，定期研究和调研与本《准则》有关的消费者保护问题，并加以传播，以期促进交流经验和提高《准则》的效力；

（c）对会员国消费者保护机构实施的国家消费者保护政策开展自愿同行审查；

（d）收集和传播有关本《准则》及其目标总体实现情况以及各会员国在国家或区域层面为促进切实执行其目标和原则所采取适当步骤的信息；

（e）向发展中国家和经济转型国家提供能力建设和技术援助，促进制定和执行消费者保护法律和政策；

（f）审议联合国系统相关组织及其他国际组织和网络的相关研究、文件和报告，交流关于工作方案、磋商主题的信息，并确定工作分担项目以及合作提供技术援助；

（g）对会员国的消费者保护政策，包括本《准则》的适用和执行，提出适当报告和建议；

（h）在联合国全面审查《管制限制性商业惯例的一套多边协议公平原则和规则》会议之间开展活动并向会议提交报告；

（i）根据联合国全面审查《管制限制性商业惯例的一套多边协议公平原则和规则》会议的授权任务，定期审查本《准则》；

（j）制定执行任务所需的程序和工作方法。

98. 在履行其职能时，无论是政府间小组还是其附属机构都不得就具体会员国或具体企业在某项具体商业交易中的活动或行为作出评判。政府间小组或其附属机构应避免卷入企业间关于具体商业交易的争议。

99. 政府间小组应确立关于保密问题的必要程序。